監修★オハラリエコ

ふだん着物の
らくらく結び

半幅帯と兵児帯

☆気軽なホームパーティーでは ラクチン結びが大活躍

気心知れた友人との
賑やかな家飲みには、
カジュアルな半幅帯や
兵児帯《へこおび》がぴったり。
締め心地も軽くて
ラクチンだから、
リラックスムードで
お酒も会話も進みます。

☆半幅帯の帯結び／サムライレイヤー(p.68)
☆兵児帯の帯結び／フラワー(p.84)

(グリーンストライプ地) 着物／ RICO STYLE
帯締め／藤岡組紐店　帯留め／東風杏
ほかすべてオハラさん私物
(ピンクベージュ地) 着物・帯・半衿／すべてトリエ
帯留め／松原智仁　帯締め／オハラさん私物

大きめな帯結び＋帯締めでショッピングへ

ショッピングなどの外出時には、おしりが隠れる、大きさを意識した帯結びに帯締めを合わせたスタイルがおすすめです。さらに羽織を合わせれば、よそゆき感もアップします。

☆半幅帯の帯結び／リボン返し（p.36）

☆兵児帯の帯結び／パイルレイヤー（p.88）

（濃いグリーン地）着物・半幅帯・薄羽織・帯締め／すべてトリエ　帯留め／RICO STYLE バッグ／By the way　草履／菱屋カレンブロッソ　半衿／オハラさん私物　（格子）帯／kosode　帯締め／藤岡組紐店　半衿／トリエ　草履／菱屋カレンブロッソ　ほかすべてオハラさん私物

ボリューミーな帯結びで
お洒落パーティーへ

☆半幅帯の帯結び／パーティーリボン(p.94)

着物・帯揚げ／ともにトリエ　帯／RICO STYLE　半衿・帯締め・帯留め・バッグすべてオハラさん私物

ラメ感やツヤ感のある半幅帯や兵児帯なら、
お洒落がメインのカジュアルパーティーで
結ぶこともできます。
帯結びはたっぷりとボリューミーに
高さを出せば、より華やかな雰囲気に。

おすすめなのは三重仮紐（p.90〜）を使った帯結び。
前で結ぶことができるので、
誰でも簡単にボリュームのある
帯結びを作ることができます。

☆兵児帯の帯結び／フックバタフライ（p.107）

着物・バッグ／RICO STYLE　帯留め／東風杏　帯揚げ／トリエ
草履／神田胡蝶　ほかすべてオハラさん私物

きゃー♡T美さん着物素敵！
ありがとう♡N子ちゃん！
私も着付けできたらな～
む～
大変そう…
じー
うーん
実際着付けより帯結びの方がむずかしいかも…
ぴくっ
それなら半幅帯と兵児帯ならどーお？
初心者にもオススメなんよ♡
オハラ先生！
ばーーん！
半幅帯と
兵児帯？
半幅帯は幅約15㎝長さが3m60㎝から4mくらいの帯で
兵児帯
半幅帯
兵児帯は長さ約3m60㎝から4mで幅広の芯のない帯のこと
わー
ヒラヒラ

でも
なんだかゆかたのイメージが強すぎて
着物に締めるにはちょっと…
抵抗が…
靴に例えてみるとわかりやすいかも
帯の中でももっとも細い半幅帯は靴に例えるとサンダル
サンダルは結婚式とか改まった場所には履けないけど
ヒールに高さがあったり足首にストラップがついていればよそ行きにも履ける
それと同じで半幅帯も素材や雰囲気によってカジュアルにしか結べない帯もあれば
ちょっとしたパーティーまで結べる帯もあるんよ
よそゆき
カジュアル
確かに織りの半幅帯はよそゆきに合わせることもできるって聞いたわ
でも兵児帯って子供のゆかたの印象が強いからカジュアルになるんじゃ…
子供の締める帯ってあの金魚のしっぽみたいなの？
あれが兵児帯かあ
なるほど
じゃあ
そもそも兵児帯って子供とか男の人のゆかた用の帯では？
ねえ？

もともとはそうだったけど今は女性用にも作られているんよ
兵児帯は靴に例えるとスニーカー
スニーカーにも運動用からお洒落用まであるように
兵児帯にも素材によっては気軽なパーティーに結べるものもあるんよ
運動用
お洒落用
フォーマルにも合わせられる？
Non!
それは無理
兵児帯はあくまでカジュアルな帯
サンダルとスニーカーでは履けるシーンが異なるのと一緒
半幅帯も兵児帯も基本はカジュアルな帯ではあるけど
素材や雰囲気によってよそゆきにも結べるってことね
でもなぜ初心者におすすめなの？
ズバリ！
前で結べるから！
くるり☆
見て見て～♪

普通は手を後ろに回して背中側で結ばなければならないけど
うーんぃ
半幅帯と兵児帯は前で結んで最後に後ろへ回せばいいから結びやすいんよ
くるん
でもいくら前で結べても帯結びって難しいんじゃ…？
先生ったら〜
大丈夫 半幅帯と兵児帯は蝶々結びができれば9割制したも同然
えっ 蝶々結びでいいの？
ほとんどの結びが蝶々結びのアレンジだからとっても簡単
それに半幅帯って肩の力が抜けた感じがするから
ふだん着にサラッと結んでたらとっても素敵
うふふ
カジュアルな洋服をサラッと着こなしている人がおしゃれに見えるのと一緒♡
だからすでに着物の着られるT美さんにもぜひオススメ！
Let's Try!
ハイ！

contents

ふだん着物のらくらく結び

半幅帯と兵児帯

PART 1

半幅帯と兵児帯の基礎知識

半幅帯＝幅が狭い帯、兵児《へこ》帯＝幅広だけども芯が入っていない単衣《ひとえ》の帯。いずれも基本はカジュアル用の帯に分類されますが、技法や質感、柄などの雰囲気次第ではよそゆき用や、気軽なパーティーで締めることもできます。この章では半幅帯と兵児帯の基本的な知識と、どんな体型でもバランスよく見えるテクニックなどを紹介します。

そういえば半幅帯と兵児帯ってゆかたに結ぶから夏季限定の帯？
えっ
氷
夏季限定
夏以外結べないの？それならあんまり覚える意味がないような…
キラリ
もちろん夏限定ではないんよ！
くるんっ
素材によって一年中結べるものと夏季限定にわかれます！
一年中結べる素材の半幅帯と兵児帯もあるんだ！
先生…！
でもゆかた以外に合わせる着物がわからない…！
夏以外でゆかたを着るわけにはいかないから小紋や紬？
小紋
紬
例外として金糸銀糸を織りこんだ織りの半幅帯は訪問着などの盛装に合わせられるけど
半幅帯も兵児帯も基本カジュアルな帯だから合わせる着物もカジュアルなものをね
T美さんの言うように小紋や紬のほかもっとカジュアルな木綿やウール
それから御召や紋の入っていない色無地を合わせることもOK

フォーマル用になる
着物以外だったら
何でもいい感じ？
そう　格がどうの
というよりも
合うか合わないかで
組み合わせれば
ええの
え…
スルッ
T美さんの場合
こんな帯結びも
オススメ
お太鼓結びに
見えるけどこれも
半幅帯なんだ！
カジュアルな帯
だから決まり事は
ないのでアレンジ
も自由自在
帯締め
帯締めや帯揚げを
つければ見た目は
名古屋帯とほぼ一緒
帯揚げ
でもカジュアル
だから決まり事が
少ないのはわかる
けど…
やっぱムズカしい…
るーるるー
あまりに
自由すぎると
逆に不安に
なってしまう…
もーどーすれば…
N子ちゃん…
それなら
半幅帯と兵児帯の
基礎知識を知る
ことから
始めましょ！
はーい
♪

その1

TPOと季節と素材

TPO

半幅帯＝サンダル、兵児帯＝スニーカー

半幅帯は基本はカジュアルですが、同じサンダルでもよそゆき用からふだん履き用があるように、**半幅帯も技法や柄などの雰囲気によってフォーマル度が異なります**。豪華な織りはフォーマルな着物に合わせてよそゆき用に、ツヤ感やラメ感のあるデザインはお洒落用、幾何学模様やポップな絵柄はふだん着用に適しています。一方**スニーカーに該当する兵児帯によそゆき用はなく**、すべてお洒落用からふだん着用としてフォーマル着物以外に合わせます。

半幅帯

兵児帯

半幅帯／オハラさん私物
兵児帯／トリエ

カジュアル限定

素材を問わず、素朴な質感のものや幾何学模様、ポップな絵柄などはすべてカジュアル限定。ふだん着物に合わせます。

帯／（左上）kosode （他すべて）トリエ

カジュアルパーティーにも

フォーマルな雰囲気の織りの半幅帯はよそゆき用に、ツヤ・ラメ感のある半幅帯と兵児帯はビジュー付きミュールサンダルやつま先の尖ったお洒落スニーカー感覚。華やかに結べばカジュアルパーティーにも合います。

帯／（左上）Rumi Rock （右上）トリエ （下）RICO STYLE

季節

素材と透け感で、結べる季節がわかれます

通年

半幅帯も兵児帯も、自然布、絽《ろ》、紗《しゃ》など透け感のある素材以外は、二枚重ねた袷《あわせ》仕立ても一枚仕立ての単衣も年間を通して結ぶことができます。ただし袷仕立ての場合、厚手のものは清涼感に欠け、実際の着心地も暑いため、盛夏以外が適しています。

袷の博多献上帯(A)、単衣の博多帯（B）は通年用。半幅帯／ともにオハラさん私物　単衣の紙《し》布《ふ》帯（C）は通年用。半幅帯／トリエ　透け感のない兵児帯（D）は通年用。兵児帯／嵐山よしむら

夏季限定

着物と同様に、麻や芭蕉布《ばしょうふ》などの自然布や透け感のある織り方の絽や紗は夏季限定の素材です。オーガンジーやレース素材の兵児帯は明確に夏季限定とは謳われてはいませんが、清涼感があるため夏向きの素材と考えていいでしょう。

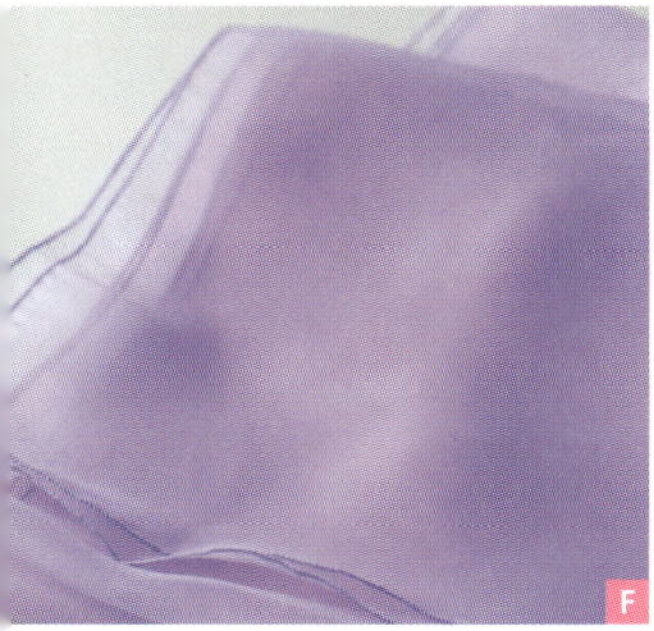

麻帯（E）、紗の博多帯（G）、ともに夏季限定。半幅帯／ともにトリエ　透け感のあるオーガンジー素材の兵児帯（F）は夏向きの素材。兵児帯／オハラさん私物

素材

素材を問わず、基本はカジュアル

半幅帯、兵児帯ともに絹、木綿、ポリエステル、自然布などの素材が使われます。名古屋帯や八寸帯などは素材によって格が変動しますが、フォーマルな雰囲気の織りの半幅帯以外は**素材を問わずすべてカジュアル用**です。最近では革やレースなどを使ったファッション性の高いデザインのものも売られており、部屋でのくつろぎ用からファッション好きが集まるカジュアルパーティーまで、場の雰囲気に合わせて自由な感覚で選ぶことができます。

格と雰囲気さえ合えば、絹の着物に木綿やポリエステルの帯を合わせても問題ありません

兵児帯の素材

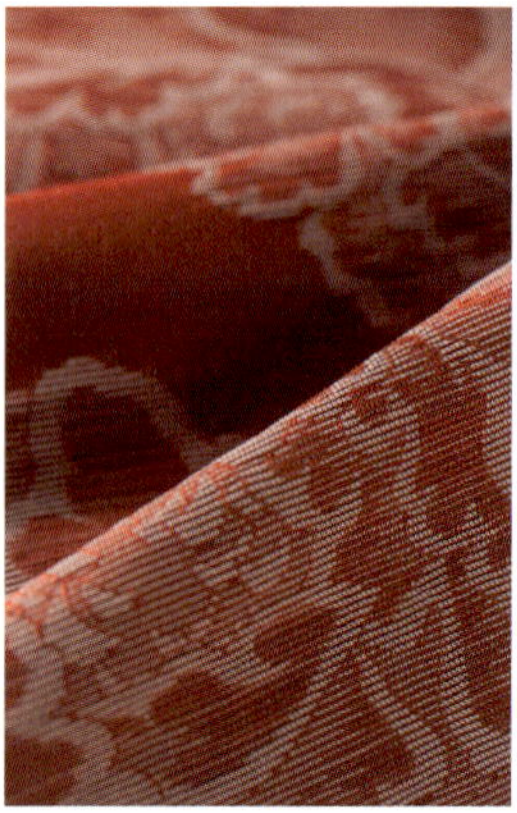

ポリエステル

ゆかた用に比較的多く使われる素材です。正絹や木綿に比べて発色の良さが特徴のため、鮮やかな色合いの兵児帯を楽しむことができます。 兵児帯／嵐山よしむら

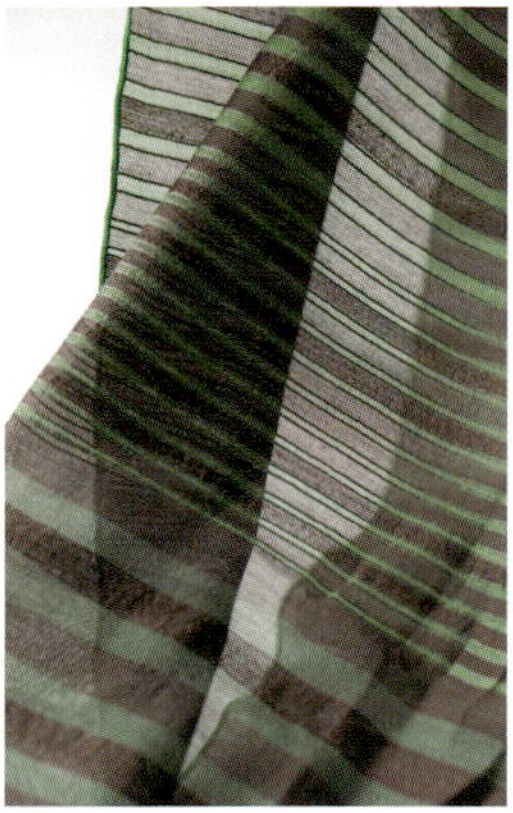

透ける素材

ポリエステルで透け感のある素材は明確に季節は決まっていませんが、涼し気な雰囲気から夏向きの素材といえるでしょう。ゆかたや夏紬によく合います。 兵児帯／kosode

御召・紬

独特なシャリ感のある御召《おめし》や素朴な風合い・色合いの紬など、繭糸を使った素材。化繊よりも高価ですが、カジュアル用です。 (御召)兵児帯／参考商品

木綿

兵児帯にはあまり使われない木綿ですが、締めやすさと滑りにくさが特徴で、素朴な風合いが魅力的な素材です。 兵児帯／Rumi Rock

半幅帯の素材

絹織物（2点ともに）

染めや織りのものでも幾何学模様や遊びを効かせたデザインのものはカジュアル用に、金糸や銀糸を織り込んだ古典柄のものはよそゆき用になります。 半幅帯／ともにkosode

木綿

素朴な風合いと色合いが特徴の素材です。滑りにくいため外出先でゆるむ心配も少なく、締めやすい素材でもあります。麻混合の綿麻素材は夏季限定です。 半幅帯／トリエ

ポリエステル

ゆかたの時季になると店頭で多く見かける素材です。比較的安価で購入できます。素材の雰囲気さえ合えば、絹の着物と合わせても問題ありません。 半幅帯／Rumi Rock

麻

麻や芭蕉布など植物繊維から作られる自然布は、現在では夏季限定の素材とされています。ゆかたや夏紬、小《お》千《ぢ》谷《や》縮《ちぢみ》など麻の着物によく合います。 半幅帯／トリエ

絽・紗

絽や紗と呼ばれる透け感を生かした織り方は夏季限定の素材です。その他ざっくりとした織りが特徴の羅《ら》と呼ばれる素材もあり、そちらは盛夏用になります。（紗）博多帯／トリエ

その2

素材と長さと帯結びの相性

柔らかい帯＝〝ギャザーやプリーツ〟で〝丸くて可愛い〟雰囲気に
張りのある帯＝〝直線的なフォルム〟で〝スッキリかっこいい〟雰囲気に

兵児帯や半幅帯の長さは約3m60㎝から4mが平均ですが、最近は4m以上のものが作られることも。一方、アンティークなど古い半幅帯は比較的短く、中には3mに満たないものもあります。

また半幅帯も兵児帯も素材によって張りがあるものと柔らかなものとがあり、ふんわりと**可愛らしく結びたい場合は長くて柔らかな帯**を、ボリュームのある**お太鼓系は張りがあり長い帯**を、キリッと**粋に結びたい場合は張りがあり短めの帯**を選ぶといいでしょう。ここではそれぞれの素材と長さに適した代表的な帯結びを紹介します。

柔らかい素材で4m以上の長さ

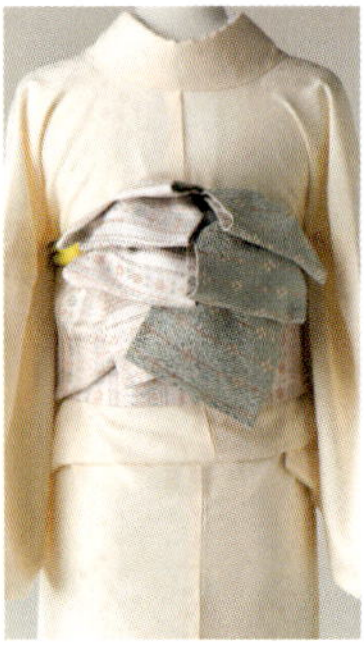
クロスフック(p.90)

ウイングレイヤー(p.74)

レイヤー(p.70)

着物・半幅帯／ともにトリエ

張りがある素材で4m以上の長さ

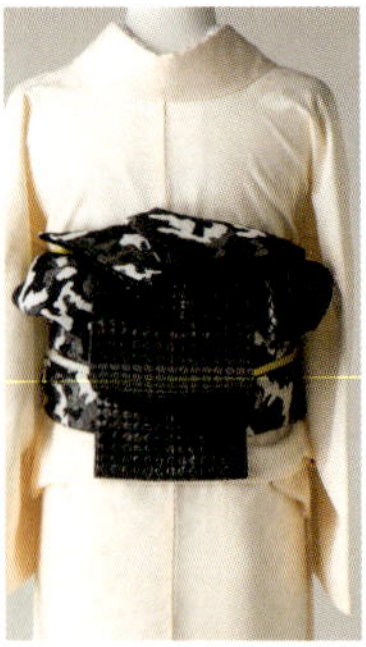
キャンディリボン(p.100)

変わり角出し(p.54)

角出しリボン(p.48)

半幅帯／ RICO STYLE

適していない帯でもアレンジ次第で好みの形に結べます

結びたい帯結びと帯の相性がイマイチだった場合でも、アレンジ次第で理想の形に近づけられます。ただし、ボリューム感や柔らかさを出すにはある程度の長さとしなやかさが必要です。とくにアンティークやリサイクル帯の場合、極端に短いものもあるため必ず長さを確認してから購入するようにしましょう。

張りがある素材で4m以下の長さ

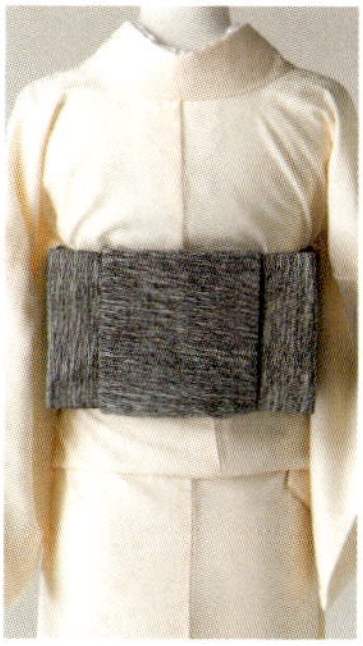

かるた（p.66）

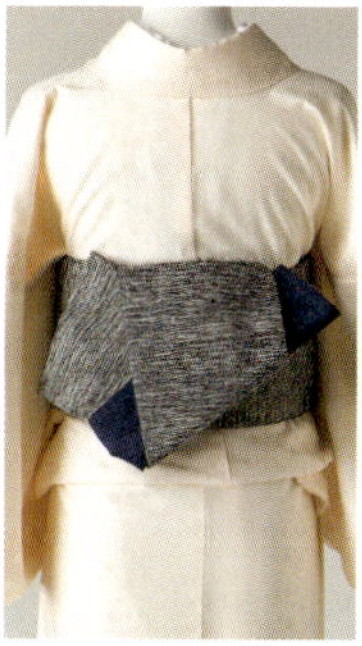

貝の口（p.60）

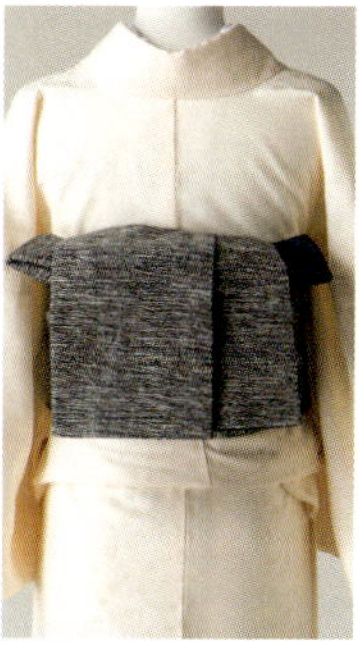

リボン返し（p.36）

半幅帯／kosode

初めて帯を購入する場合は、事前にどんな帯結びをしたいか、仕上がりをイメージする〝妄想力〟をフル回転させて！　硬さのある博多帯などはキリッとしたぺたんこ系の帯結びがお似合いです

柔らかい素材の帯をシャープに結ぶ

右は柔らかい素材を使い、ふんわりと可愛らしい雰囲気にリボン返しを結びましたが、左のように帯の上線などを直線を意識して形作ることで、大人っぽくシャープな印象に仕上げることができます。

着物・半幅帯／ともにトリエ

長さのある帯を短く結ぶ

リボン返しなどタレを結び目にくぐらせる帯結びは、もうひと巻きしたり、引き抜く分量で長さを調節します。ぺたんこ系はタレの余分を胴に巻き込んだり（p.60）、テを折って（p.61）調節します。

着物／RICO STYLE　半幅帯／kosode

その3

理想の形に仕上げるテクニック

コツ

大人の半幅帯は、いかに〝おしり〟から視線をはずすかが重要です

着物の**後ろ姿は厳しくチェックされている**ものです。とくに半幅帯や兵児帯は、小さくまとまりすぎると**小学六年生のランドセル状態**に。さらにおしりが丸出しになる帯結びが多く、体のラインが出やすいため苦手な方も多いのではないでしょうか。大人の半幅帯はバランスが命。垂れを作ったりボリュームを出すことで、**極力おしりから視線をはずすように形作る**ことが重要です。ここではどんな体型でも似合うベストバランスを紹介します。

着物／Kimono Factory nono　半幅帯／トリエ

小さすぎる帯結びは
小学6年生の
ランドセル状態に

背中のシワはあなたを5歳老けさせる！ 帯結びをする前に、長襦袢と着物の背中のシワはしっかりと取っておきましょう

帯幅は胸幅がベスト
帯の上線はブララインでまっすぐデザイン
エンドラインは長めにとっておしりをカバー

ぺたんこ系の帯結びは〝角〟で決まります

貝の口や矢の字、吉弥《きちゃ》結び、かるたなどのぺたんこ系は角と角を合わせて折り曲げるときは垂直に折り曲げることを意識することで折り紙のようにキリッとした形に仕上ります。

浮きやシワが目立つ

GOOD

折り紙のようできれい

角と角を合わせる

折り上げたテの角とテをくるむタレの角がずれてすき間ができないよう、角と角をきちんと合わせます。

直線を意識する

ラインが歪んだり丸みができないよう、直線を意識して形作ります。とくに帯の上線ラインはまっすぐに。

折り目は垂直に

帯を折るときは垂直に、折り目は手でしごいてまっすぐにフラットに仕上げることですっきりと粋な形になります。

折り目をつける

ふんわり系は〝結び目の大きさと位置〟で決まります

結び目が大きく下がっていると、帯結び全体が下がり、だらしない印象に。とくにふんわり系は帯の上線をブララインでまっすぐに作ることで、可愛い雰囲気の中にも大人っぽいキリリとした表情を作ることができます。

結び目が大きく、下側

GOOD

結び目が小さく、上側

NG テとタレをそれぞれたたまずに握りしめ、体から離れた位置で結ぶことで結び目は大きく下がりがちに。

テも下側から２分の1に折りたたみます。

タレ幅を下側から4分の1に折りたたみます。

折りたたんだテとタレを体に近い位置で結びます。

その4

帯を後ろに回すテクニック

コツ

90度の二度回しで、崩れ知らず

半幅帯や兵児帯の魅力のひとつは前で結べること。後ろ手で見えない帯と格闘することも、鏡を振り返ることで背中に斜めにシワが入ることもありません。けれども仕上がった帯結びを後ろへ回すのにはちょっとしたコツが必要に。せっかくきれいに作った帯結びが崩れてしまうこともあり意外と難しいものです。基本は**上下の2ポイントを持って90度ずつ2回に分けて回す**と崩れにくく回すことができます。このとき帯板だけは後ろには回さずに、前に残したままにします。

①帯板はつかまないように、右手で脇寄りの帯の上線を、左手で脇下の帯の下線を持ちます。②一気に90度回します。③右手と左手を中央に移動させて帯の上下を持ちます（帯板は持ちません）。④一気に90度回します。

column

困ったときの対処法

帯を後ろへ回したいのに動かない。帯を後ろへ回したら帯結びが下がってしまった、という場合の対処法を紹介します。

帯板を固定する

帯をきつく締めすぎたり滑りにくい素材で後ろへ回しづらい場合は、左手で帯板を固定して、右手で90度ずつ2回に分けて回します。

帯中にタオルを入れる

帯結びが下がってきた場合は、背中側の帯の内側に下からハンドタオルなどを入れます。外出先で下がってきた場合にも応用できます。

その5

前帯アレンジでアクセントをプラス

粋

リバーシブルの帯で表裏のデザインを楽しめます

帯締めや帯揚げが必要ではない半幅帯ですが、リバーシブルの帯を折り返すことで前帯にアクセントをプラスできます。後ろ手で作業するのは大変ですが、帯結びを後ろへ回してから整えることもできるので、まずは基本の折り方をマスターし、折る方向をアレンジしたりねじるなど、自由に楽しんでみましょう。

1

2

3

4

①帯を二巻きしたら左手の甲を帯に当てます。②親指を軸にして上側を折り下げます。③左手を下にスライドさせ、同じく親指を軸にして下側を上へ折り上げます。 半幅帯／kosode

column

帯締め一本でよそゆき感が出ます

飾りに帯締めを結ぶだけで、よそゆき感が出ます。カジュアル用の帯締めや三分《ぶ》紐、二分紐に好みの帯留めを付けて飾ります。

帯締めは本来帯結びを作るために使いますが、飾り用として使う場合は羽根や帯結びの下に帯締めが隠れる結びに合わせるといいでしょう。

着物／トリエ　帯留め／東風否

オハラリエコの毎日着物

～遊び着編～

自分が主役の遊び着は
自由な発想で楽しんで

有名な映画の
地下鉄シーンを
着物で再現!?

♠月♣日
現代美術展へおでかけ♪

実はここ、月一で着付けを教えている「フェリシモ着物倶楽部」のとある一室。もちろん本当の美術館にだって私は着物。足元は音が鳴らないように草履が鉄則です。

「気軽に着物を着てみたい」と思っても、「難しいルールがありそうだし、TPOを間違えると恥をかいちゃう」。しかも「そこそこいい歳になると、知りませんでした、ではちょっとまずいかも」という〝見えないなにか〟に尻込みしてしまう方も少なくないはず。でもご安心ください。TPOは「誰が主役か」を考えればいいのです。そして遊び着は、まさに「自分が主役」。自分自身が気持ちよく楽しく着ることができればノープロブレムなのです。とくに女子が集まるところは同性の厳しい目が光りまくっているので、小物使いがかなり重要に。遊びのテーマに合わせて物語性のあるコーディネートを心がけるのが、着物達人に近づくポイントではないでしょうか。

★月♥日

お茶をたてました

かじりかけのお茶会へ。この日は東レシルック®の着物に半幅帯を。これで足がしびれてコケても大丈夫（笑）。

帯留め大好き！　ただ丸くて小さいのは可愛すぎて似合わないので、3個並べて長方形に。大人っぽくなるのでおすすめです。

◆月●日

オハラコレクション①

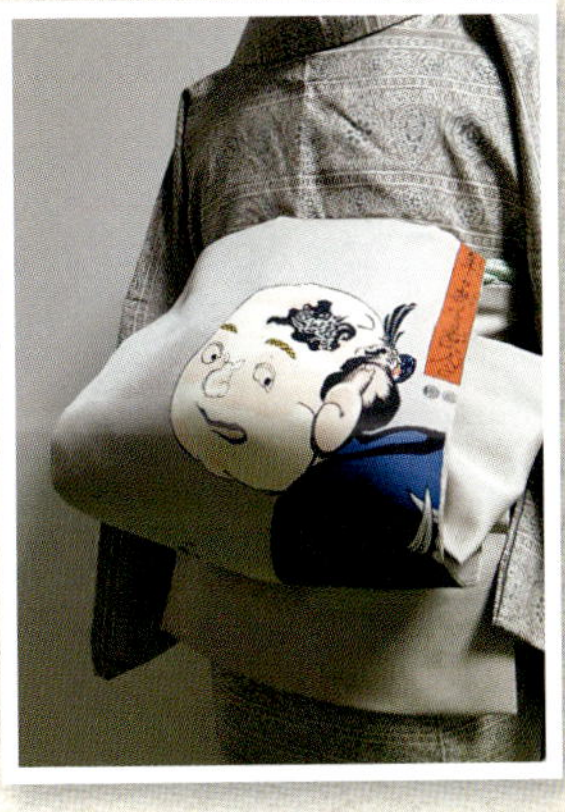

上／文楽鑑賞には歌川国芳の「年が寄っても若い人だ」の寄せ絵をモチーフにした「衣裳らくや」のオモシロ帯を。下／「玉のり」のラメ足袋（勝手に命名）。チラ見せでアクセントに。

＊月◎日

夏の納涼パーティーへ

総勢70名の納涼パーティー。トリエ代表の寺本さんとスタッフの太田さん、橋間さん、こころや店主名倉さんと思い出ショット。

◆月●日　オハラコレクション②

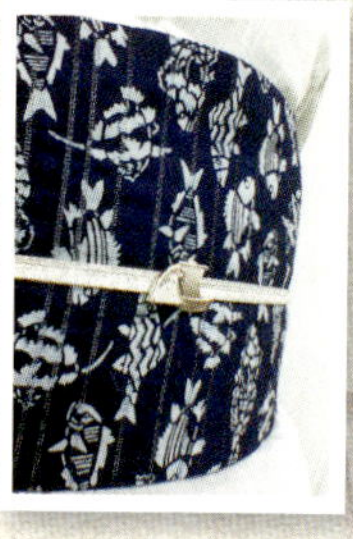

上／鮮やかな色無地に4m以上の半幅帯で結んだ飾り結びはパーティーの装いに。下／お魚尽くしの帯には、お洒落達人の必須アイテム“帯留め”を。「T.O.D」と松原智仁氏の波と帆掛け舟を重ねづけで。

女子会シャンパンナイト。シャンパンゴールドを基調に、着物と帯の水玉で泡を表現してみました。

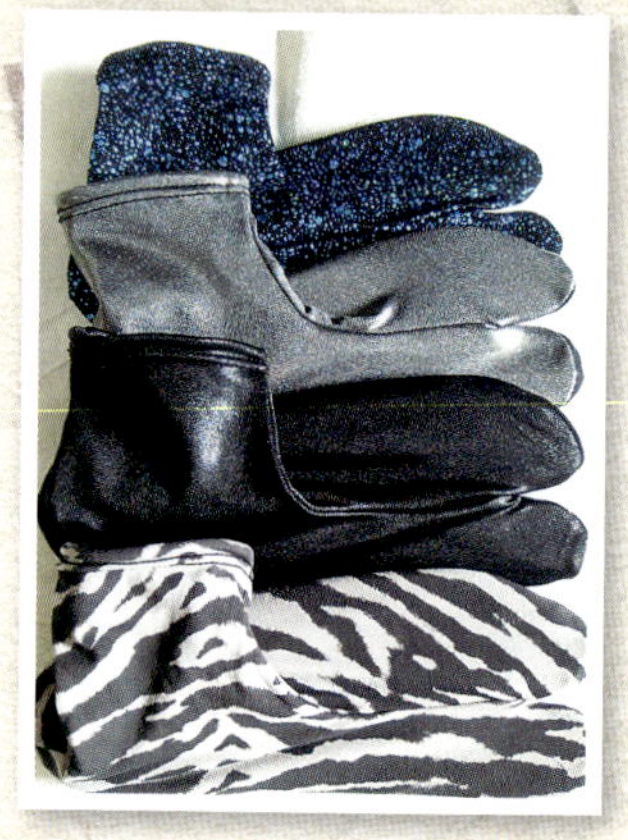

上／「下弦の月」の染め帯に月とコウモリの帯留めでハロウィン。下／白足袋も好きだけど「玉のり」の派手足袋も愛用！

川沿いの洒落たレストランでのパーティー。テーマは「波」。着物以外を単色にまとめました。

（右上）帯／RICO STYLE　バッグ／By the way　草履／菱屋カレンブロッソ　ほかすべてオハラさん私物

（左下）着物・帯／ともにトリエ　帯留め／T.O.D　松原智仁　下駄／嵐山よしむら　ほかすべてオハラさん私物

PART 2

半幅帯の帯結び

この章では半幅帯を使った帯結びを「リボン系」「お太鼓系」「ぺたんこ系」「ふんわり系」の4つのタイプに分類して紹介します。それぞれ蝶々結び、片蝶結び、真結び、ひと結び、結ばない、このいずれかがベースとなるので、まずは基本の巻き方とベースの結び方からマスターしていきましょう。ベースができればあとは応用のみ。上達すれば、アレンジ次第でオリジナルの帯結びを作れるようにもなります。

※各帯結びの表にある長さと質感はあくまでも目安です。体型などに応じて、適した帯を選んでください。

半幅帯と兵児帯についてわかってはきたけど問題は結べるかどうか
う〜ん
半幅帯といえば文庫結び兵児帯といえば蝶々結びしか思いつかないし
それに半幅帯って名古屋帯のお太鼓結びに比べてどうしても帯結びが小さくてバランスが悪いし
Oh!
40歳…
おしり丸出しで可愛すぎる感じで年齢的にちょっと…
抵抗アリ
お太鼓結び
文庫結び
いわゆる「小学6年生のランドセル」状態やね!
ランドセルちんまり
小6
まさにそんな感じ!
ずいっ
やっぱり半幅帯じゃなくて普通の名古屋帯にしようかな…
諦めるのはまだ早い!
大人の半幅帯にはコツがあるんやで!
コツ?
きまった!
?

「垂れ」を作ったりして帯結びのエンドラインでなるべくおしりを隠し
帯結びの上線はブラインに横幅は胸幅に作るのが大人の半幅帯のコツ
横幅
上線
エンドライン
垂れ
あとは丸みを出すと可愛らしさが強調されるから
なるほど
逆に直線を意識して全体を形作るとシャープで大人っぽい印象に仕上がるんよ
たしかに!
同じリボンでも羽根にギャザーを寄せて柔らかく作るか
丸み
直線
真っすぐのままにするかでだいぶ印象が違いそう
ふむ
ほえー
そう!でもやっぱり一番はお・し・り!
でーん!
きゃ
※イメージです。
この章ではおしりを隠す帯結びを中心に紹介します!
ぷり
ぷり
先生隠せてません
それなら安心して半幅帯を楽しめそう

基本

基本の巻き方　テの取り方

帯結びには種類に応じてそれぞれベースとなる結び方があります。ベースはおもに蝶々結び、片蝶結び、真結び、ひと結び、結ばない、この5つに分類されますが、**テを決めて体に帯を二巻きするまでは共通プロセス**。柄に上下がない場合は左巻きでも右巻きでも巻きやすい方向でかまいません。柄に向きがある場合はそれに応じて巻く方向を決めましょう。

テ…肩に預ける側。帯結びによって長さが異なります。
タレ…体に巻く側。お太鼓を作ったり帯結びのメインになる部分になります。

帯板をつける

初心者にはベルト式がおすすめです。差し込み式の場合は最後に前帯の中に帯板を入れます。

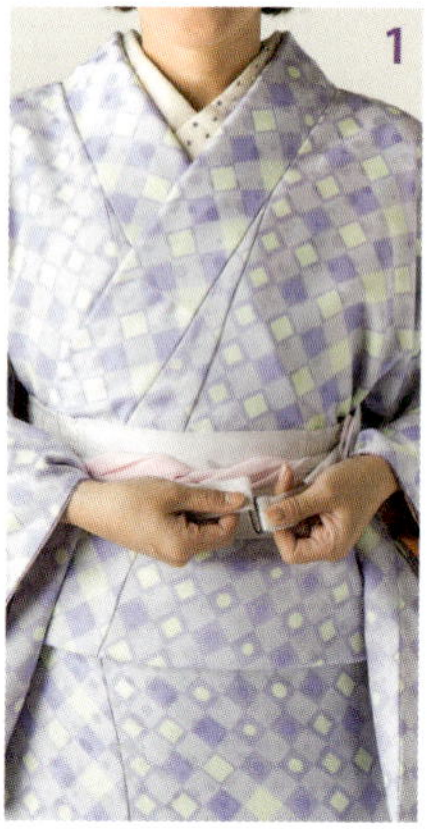

①左右のベルトを留めます。

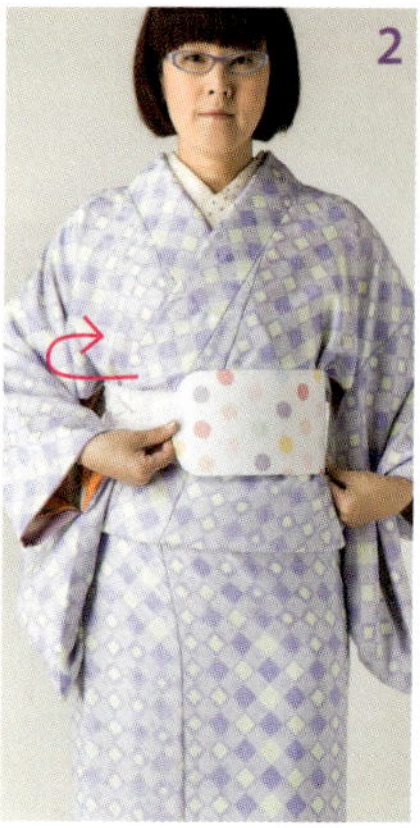

②着物の衿合わせと同じ方向に帯板を回します。

③帯板が体の中心に来るまで回します。

帯を当てる

①テ側を片手で持ちます。

②後ろへ回し、両手で帯の上側を持ちます。

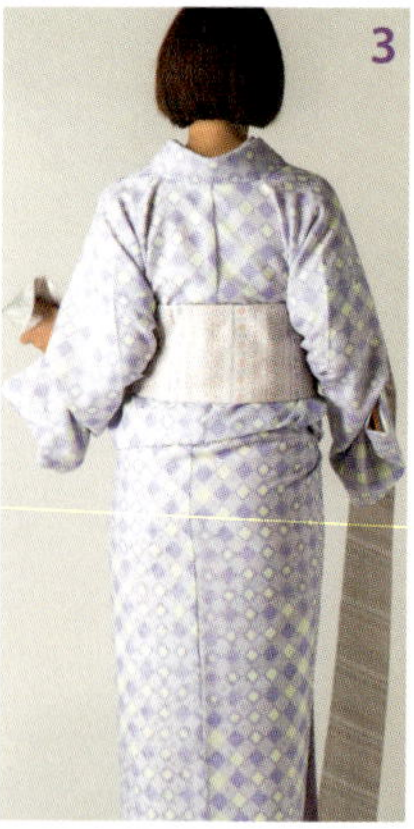

③帯を左右に広げ、背中に帯を当てます。次にテの長さを決めます。

着物・半幅帯／ともにトリエ

テの長さを決める

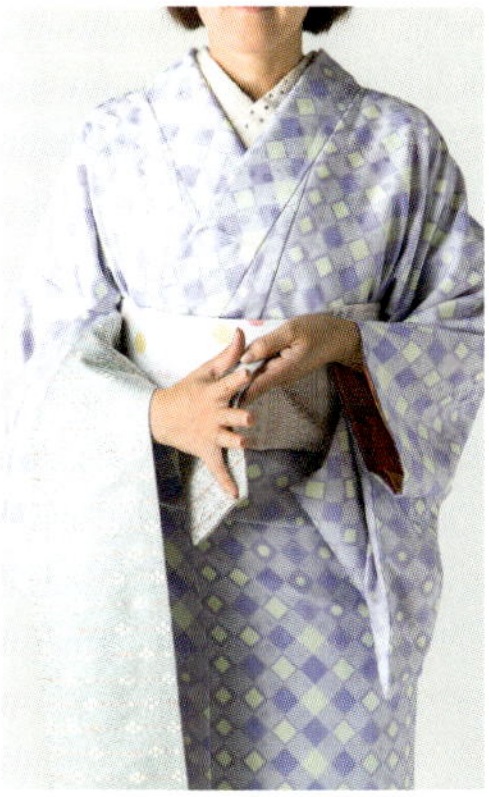

A　手幅ひとつ分

片蝶結び（p.34）または真結び（p.35）がベースとなる帯結びの場合は、手幅ひとつ分を目安にテを決めます。

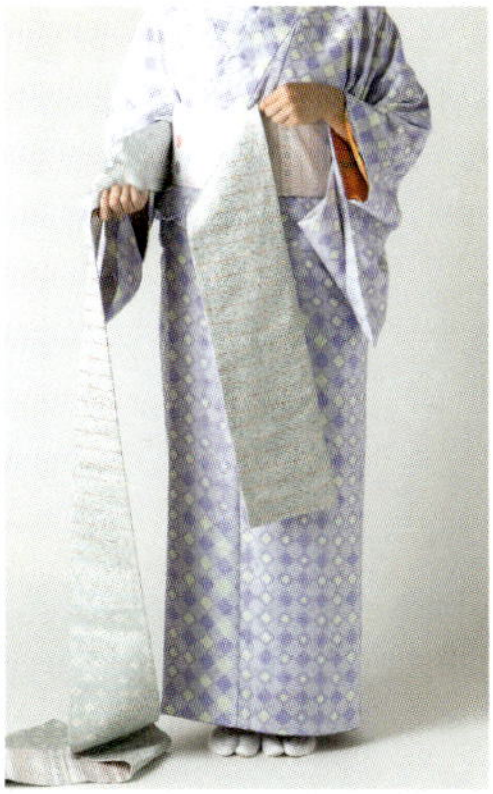

B　膝まで

貝の口（p.60）などテとタレをひと結び、もしくは結ばずに形を作るぺたんこ系の帯結びに多く見られるテの長さです。

C　床まで

蝶々結び（p.33）をベースとする帯結びのテの長さです。体に二巻きすると、残ったタレとテの長さがほぼ同じになります。

テを肩に折り上げてから帯を巻き始めます

テの長さはA～Cを基本にして、帯結びの種類や体型によって微調整するといいでしょう

①テの長さを決めたらテの元が体の中心にくるようにします。和装クリップで留めてもいいでしょう。②テ先の元から上を肩に預けます。③タレを体に巻きます。④タレは体に二巻きします。帯が長く余る場合は三巻きしても。ひと巻きごとにテの元を押さえながらとタレの下側を引き、帯を締めます。

テとタレは細くたたんで結ぶ

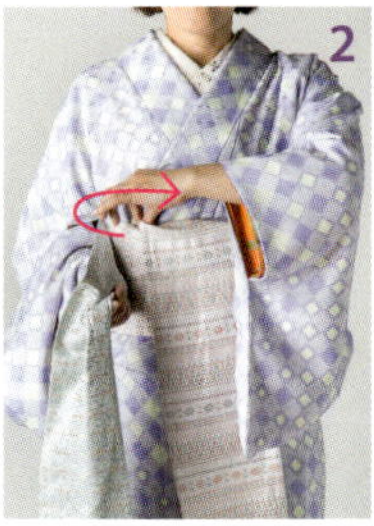

テとタレを細くたたむことで、結び目を小さくします。①タレを体に二巻きしたらテは下に下ろします。②タレ側のテを持ちます。③中央に折り返して半分の幅に折ります。

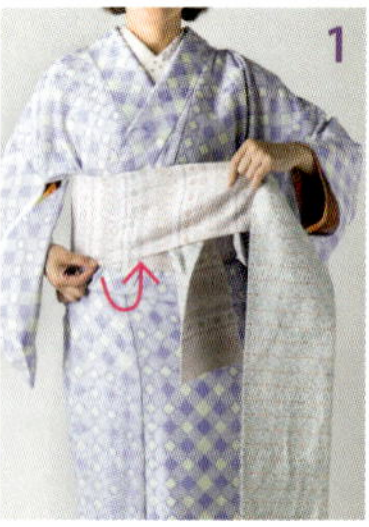

①タレの下側を脇の下あたりで持ちます。②内側に脇から斜め半分に折り上げます。③さらに内側に斜め半分に折り上げます。

地厚の生地の場合、さらにねじると結び目がスッキリと小さくなります。

テとタレの結び方は二通り

上に重ねた側を下からくぐらせてひと結びします。テとタレ、どちらが上になるように結ぶかは、結びたい帯結びのベースが蝶々結び、片蝶結び、真結びのどれに当てはまるかによって決まります。ベースがひと結びの場合はここから帯結びがスタートです。

テを上、タレを下に交差させて、テを上に出す

ベースが真結びの場合、テを上、タレが下になるように交差させ、テをタレの下からくぐらせて、上にテが出るようひと結びします。

タレを上、テを下に交差させて、タレを上に出す

ベースが蝶々結び、片蝶結びの場合、タレを上、テが下になるように交差させ、タレをテの下からくぐらせて、タレが上に出るようにひと結びします。

基本

ベースとなる結び方① ～蝶々結び～

◉テの長さ＝床まで
◉テとタレの結び方＝タレが上、テを下に交差させ、タレを上にひと結び

靴紐を結ぶ要領で、テとタレの両方で羽根を作って結びます。残ったテとタレで帯結びを形作ります。

◉本誌で蝶々結びがベースとなる帯結び
リボン返し／プリーツリボン／ハーフリボン太鼓／角出しリボン／蝶々太鼓／兵児蝶々太鼓／ラップフラワー／フラワー

蝶々結びのタレは左右同じ長さがベストですが、10㎝くらいの誤差であれば帯結びに影響しません

1 テを半幅に整える

下に出たテの幅を、結び目の際からきれいに半分に整えます。

2 テで羽根を作る

テを結び目の際から手幅約ひとつ分のところで内側に折り、羽根を作ります。

3 タレを羽根にかぶせる

上に出たタレも半分に整えて、テで作った羽根にかぶせ下ろします。

4 タレで輪をくるむ

かぶせ下ろしたタレでテの羽根をくるむようにします。

5 タレの輪にタレを入れる

テの羽根をくるんだタレを、タレでできた輪の中にくぐらせます。

6 テと同じ長さの羽根にする

くぐらせたタレを、テで作った羽根と同じ長さになるまで引き抜きます。

基本

ベースとなる結び方② ～片蝶結び～

◉**テの長さ＝**手幅ひとつ分
◉**テとタレの結び方＝**タレが上、テを下に交差させ、タレを上にひと結び

あらかじめテは短めに取ってひと結びし、タレだけで羽根を作ります。残ったテとタレで帯結びを形作ります。

◉**本誌で片蝶結びがベースとなる帯結び**
片蝶リボン返し／神無月／引き抜き風角出し／ウイングレイヤー／ウイングプリーツ／本角風太鼓

蝶々結びも片蝶結びもリボンの
長さは手幅ひとつ分が基本
左右同じ長さの羽根にします

1 蝶々結びと同様に結ぶ

結び方は蝶々結びと同じように、テが下に出るようにひと結びします。

2 タレをかぶせ下ろす

下側のテを結び目の際から逆側に振り、タレをかぶせ下ろします。

3 タレでテをくるむ

かぶせ下ろしたタレで、テをくるむようにします。このときにタレの輪ができます。

4 タレで羽根を作る

くるんだタレを先ほどできたタレの輪に通し、テと同じ長さまで引き抜いて羽根を作ります。

基本

ベースとなる結び方③ ～真結び～

◉**テの長さ＝**帯結びの種類による
◉**テとタレの結び方＝**テが上、タレを下に交差させて、テを上にひと結び

固結びの要領で結びます。テの長さは帯結びの種類に応じて変え、それによってタレまたはテとタレとで帯結びを形作ります。

◉**本誌で真結びがベースとなる帯結び**
レイヤー／ダブルレイヤー／パイルレイヤー／ランダムレイヤー

1 テを上に結ぶ

蝶々結びと片蝶結びとは逆に、テが上になるようにひと結びします。

2 テとタレを垂直にする

テ先とタレをそれぞれ回転させて、垂直になるようにまっすぐにします。

3 テをかぶせ下ろす

タレを結び目の際からやや逆側に振り、テをその上にかぶせ下ろします。

4 テをくぐらせる

かぶせ下ろしたテをタレの下からくぐらせます。

5 テとタレを締める

テ先を完全に引き抜いたら、テとタレを引き締めます。

結び目がゆるんでこないよう、帯を持つ手はなるべく常に結び目に近い位置がベスト

大人可愛い
蝶々結びのアレンジ系

リボン系

リボン返し

蝶々結びにテとタレを巻きつけた
シンプルな帯結び。左右の羽根と、
帯の上線の処理の仕方次第で大人っぽくも
可愛らしい雰囲気にも仕上がります。

テ	手幅ひとつ分	膝まで	床まで
ベース	蝶々結び	片蝶結び　真結び	その他
長さ	3m60cm以下	4m以下	4m以上
質感	柔らかめ	ふつう	硬め
難易度	★★★★★（初級～中級）		

1 蝶々結びにする（↓33ページ参照）

タレを上にして交差させ、テの下からくぐらせてひと結びしてから蝶々結びにします。

2 帯端を結び目の下からくぐらせる

テ先とタレ先をきれいに揃えて、結び目と体に巻いた胴帯の間に下から上に通します。

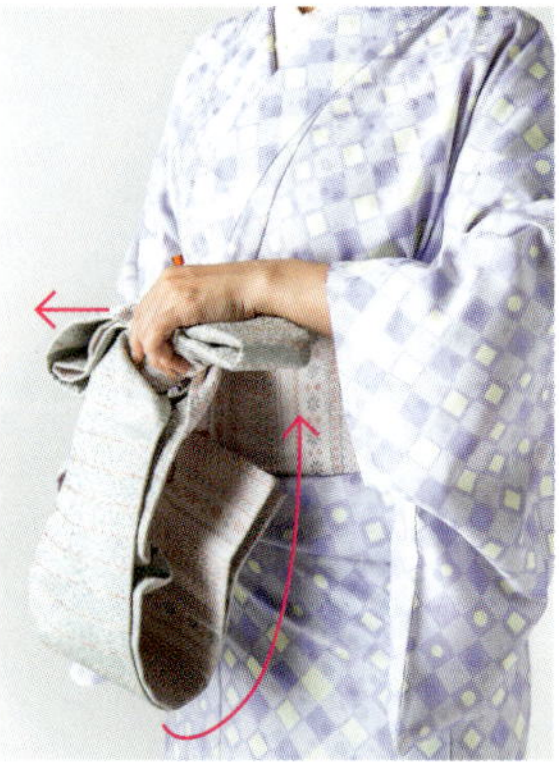

3 垂らす羽根の長さを決める

垂らす羽根の長さを帯の下線からおはしょりぐらいに決めて、上に引き抜きます。

左右の羽根の長さはAの分量を調節してそろえます

4 余分は帯の中にしまう

タレの内側に残した帯と蝶々結びの結び目は、帯板を帯の中に入れてしまいます。ここが土台となり帯結びに高さが出ます。（※撮影用に羽根を衿元で留めています）

5 羽根を広げる

羽根の重なりを台形の形になるよう、左右に広げます。このとき帯の上線Bをまっすぐにすると大人っぽく、ギャザーを寄せれば可愛らしい雰囲気になります。

6 左右の結んだ羽根を整える

大人っぽく仕上げたい場合はまっすぐに、羽根を下に下ろしたり広げれば可愛くなります。（※撮影用に羽根を衿元で留めています）

7 形を整えて後ろへ回す

全体の形を整えたら、衿の合わせと同じ方向に帯結びを後ろへ回して完成です。

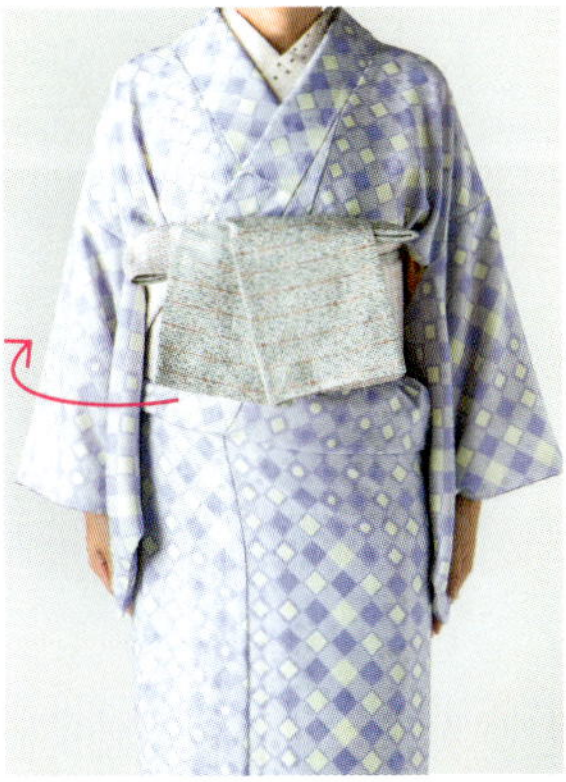

リボン返しの出来上がり

リボン系

プリーツリボン

リボン返しの変形結び。テとタレを
半幅にしてから結び目に回しかけます。
仕上げに帯幅の重なりをずらすことで、
立体感のある華やかな雰囲気になります。

テ	手幅ひとつ分	膝まで	**床まで**
ベース	**蝶々結び**	片蝶結び　真結び	その他
長さ	3m60cm以下	**4m以下**	**4m以上**
質感	**柔らかめ**	**ふつう**	硬め
難易度	★★★★★（初級～中級）		

1 蝶々結びにする （→33ページ参照）

タレを上にして交差させ、テの下からくぐらせてひと結びしてから蝶々結びにします。

2 帯幅を半分に折る

テとタレを結び目の際から帯幅を半分に折ります。

3 帯端から結び目に通す

片側ずつ、帯の端から結び目と体に巻いた胴帯の間に下から通し、内側は帯の下線からおはしょりくらいの長さに、外側はそれよりも短くなるよう長さを決めて上に引き抜き、下に垂らします。

4 逆側も同様に通す

逆側のタレも同様に、結び目の下から上に通し、下に垂らします。

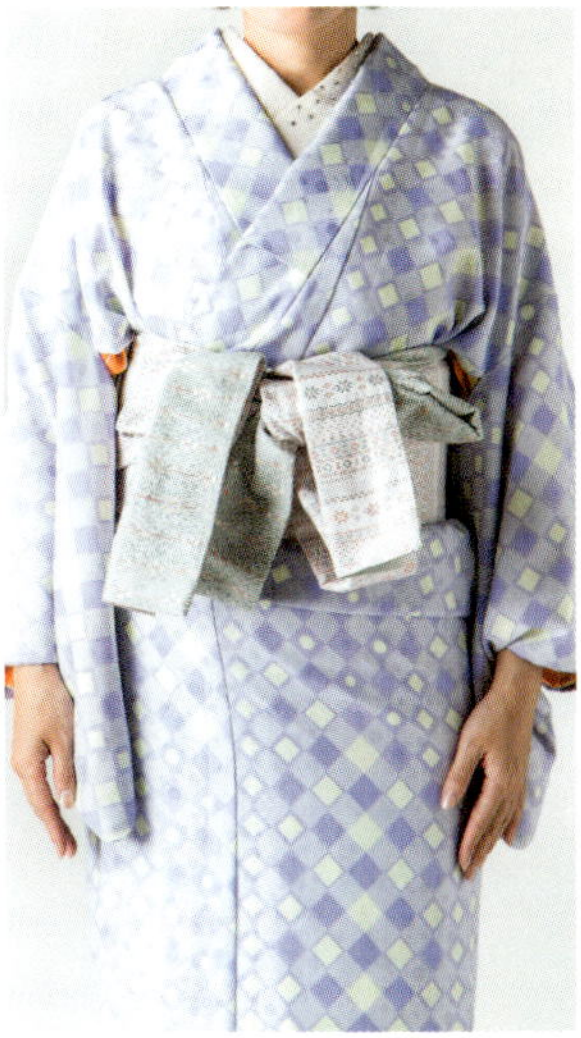

5 帯幅を広げる

半分に折った帯の幅を少しだけずらし、立体感が出るように形を整えます。

6 形を整えて後ろへ回す

全体のバランスを整えたら、衿の合わせと同じ方向に帯結びを後ろへ回して完成です。

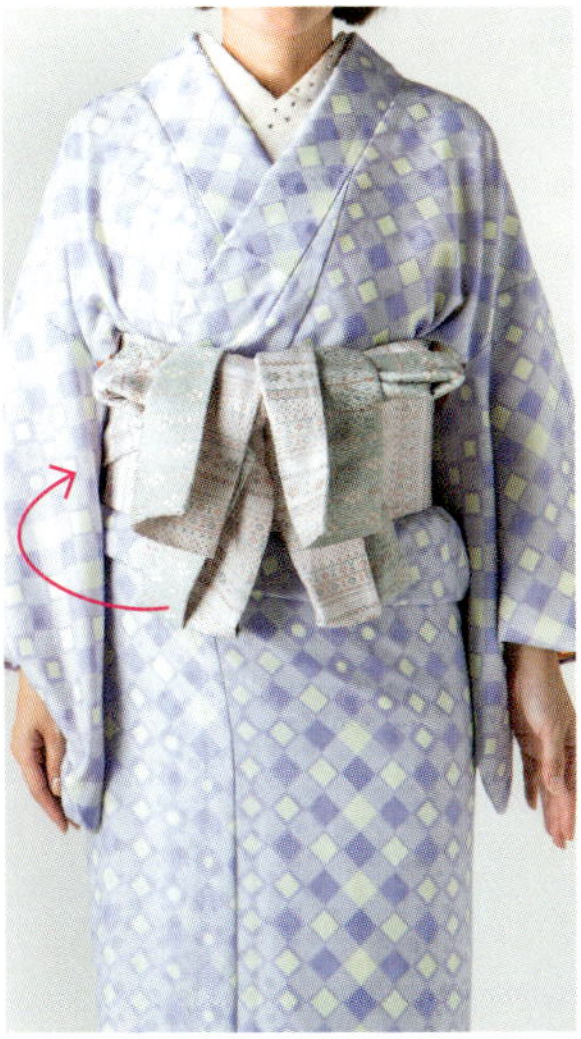

リボン系

ハーフリボン太鼓

重なるリボンが可憐な印象。

左右のリボンはまっすぐにすれば大人っぽい雰囲気に、下に下ろせば丸みのあるフォルムになり、可愛らしい雰囲気に仕上がります。

テ	手幅ひとつ分	膝まで	**床まで**
ベース	蝶々結び **片蝶結び**	真結び	その他
長さ	3m60cm以下	4m以下	**4m以上**
質感	**柔らかめ**	**ふつう**	硬め
難易度	★★★★★（初級〜中級）		

1 蝶々結びにする（→33ページ参照）

タレを上にして交差させ、テの下からくぐらせてひと結びしてから蝶々結びにします。

2 テで羽根を作る

蝶々結びのテ（蝶々結びをする際、最初に羽根を作った側）の幅を半分にして、結び目から手幅約ひとつ分のところで内側に折って羽根を作り、羽根の先から結び目に通して、4枚の羽根を作ります。

3 タレ幅を半分に折る

タレの幅を結び目の際から半分に折ります。

4 タレを結び目に通す

結び目と体に巻いた胴帯の間に上から下にタレ先から通します。

5 垂れとお太鼓を広げる

垂れとお太鼓がちょうどいい長さになるまで4を繰り返します。おはしょりと同じくらいに垂れを残したら、垂れ先とお太鼓の幅をそれぞれ広げます。まだ帯が長い場合は4を繰り返します。

SOS!

帯が余ってしまったら

お太鼓と垂れがちょうどいい長さにならない場合は、垂れの長さをまず決めてから、お太鼓の内側に帯締めを通して長さを調節することもできます。

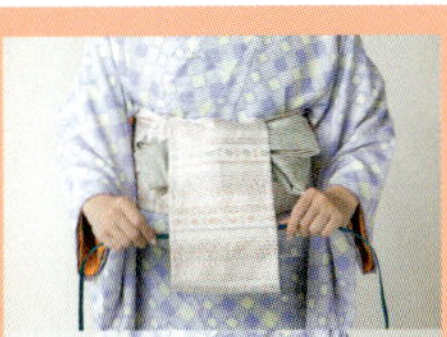

6 形を整えて後ろへ回す

形を整え、衿の合わせと同じ方向に帯結びを後ろへ回して完成です。

リボン系

片蝶リボン返し

リボン返しに形は似ていますが、帯の重なり具合や長さをアレンジすることができるため、異なるニュアンスが楽しめます。途中で帯の表裏を逆にするのもおすすめです。

テ	**手幅ひとつ分**	膝まで	床まで	
ベース	蝶々結び	**片蝶結び**	真結び	その他
長さ	3m60cm以下	4m以下	4m以上	
質感	柔らかめ	ふつう	硬め	
難易度	★★★★★（初級～中級）			

1 片蝶結びにする （↓34ページ参照）

タレを上にして交差させ、テの下からくぐらせてひと結びしてから片蝶結びにします。

2 タレを結び目の下に通す

結び目と体に巻いた胴帯の間にタレ先を下から通し、手幅約ひとつ分を残して引き抜きます。

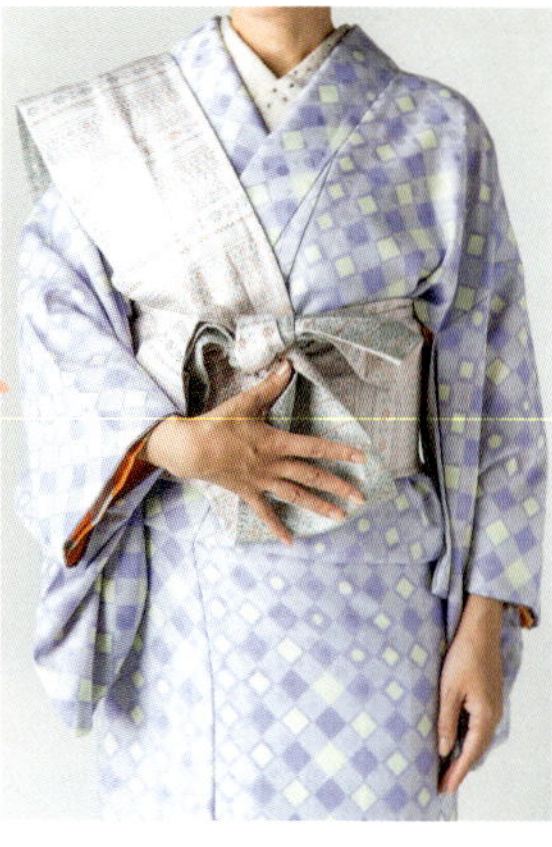

短めの帯か長めの帯かによって残す分量は調節するといいでしょう

3 もう一度結び目に通す

2のタレを下に下ろし、もう一度結び目の下から上に通します。残すＡの分量は余る帯の長さやどのくらいの大きさの帯結びにしたいかによって調節します。

4 さらに通して整える

右上に出したら今度は左上というように、タレをさらに結び目の下から上に通して形を整えます。

5 左右の羽根を整える

左右の羽根は、まっすぐにすれば大人っぽい雰囲気に、下に下ろせば丸みのあるフォルムで可愛らしい雰囲気に仕上がります。

6 形を整えて後ろへ回す

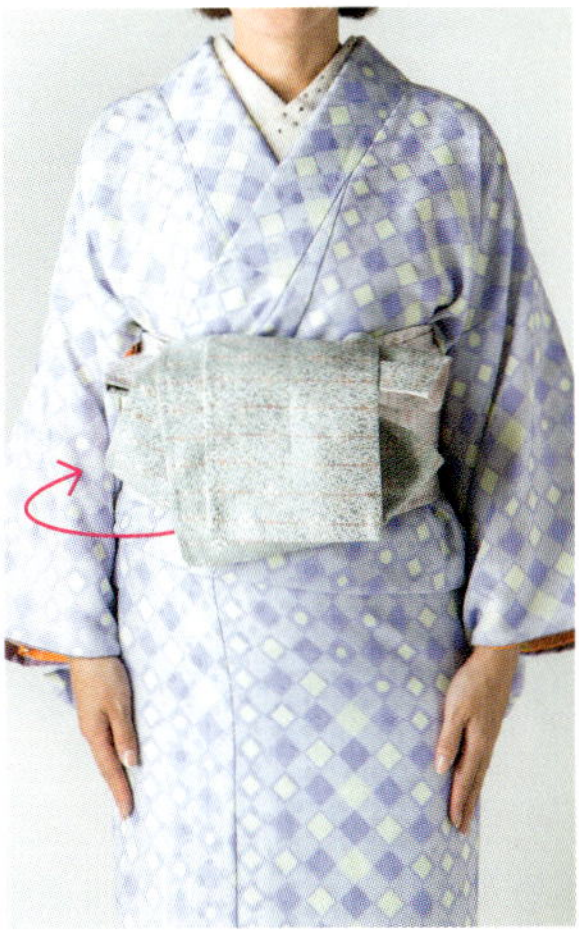

形を整えたら衿の合わせと同じ方向に、帯結びを後ろへ回して完成です。

column

ちょっとしたアレンジで異なる雰囲気を楽しめます

結び目の下にくぐらせるときに、帯の表裏を逆にすると、異なるニュアンスを楽しめます

おしり隠して
スタイルアップ

お太鼓系

神《かん》無《な》月《づき》

リボン系の帯結びに垂れを足すことで、
より体型カバーができます。
お太鼓系は基本的に
リバーシブルの帯がおすすめです。

テ	**手幅ひとつ分**	膝まで	床まで	
ベース	蝶々結び	**片蝶結び**	真結び	その他
長さ	3m60cm以下	**4m以下**	**4m以上**	
質感	**柔らかめ**	**ふつう**	**硬め**	
難易度	★★★★★（初級～中級）			

1 片蝶結びにする （↓34ページ参照）

タレを上にして交差させ、テの下からタレをくぐらせてひと結びしてから片蝶結びにします。

2 タレを結び目に通す

結び目と体に巻いた胴帯の間にタレ先を上から下に通して引き抜きます。

着物／トリエ　半幅帯／RICO STYLE

3 お太鼓の大きさを決める

体に巻いた帯の下線とほぼ同じになるよう、お太鼓の底線を決めます。残りは下に引き抜きます。

お太鼓
お太鼓の底線

4 もう一度結び目に通して垂れを作る

タレを上に上げ、もう一度結び目の上から下にタレ先から通します。お太鼓の下からタレ先が5cmほど出るよう調節して垂れから垂れを作ります。

約5cm

5 左右の羽根の形を整える

お太鼓の左右から出る羽根は、まっすぐにすれば大人っぽく、下に下ろせば丸みのある可愛らしい雰囲気に仕上がります。

6 形を整えて後ろへ回す

形を整えたら、衿の合わせと同じ方向に帯結びを後ろへ回して完成です。

\SOS!/ 帯が余ってしまったら

ちょうどいい大きさでお太鼓を作っても、タレ先が余り垂れが長くなってしまう場合は、タレ先を体に巻いた胴帯の内側にしまい込み、長さを調節するといいでしょう。

余った帯

> PART2 半幅帯の帯結び > お太鼓系

お太鼓系

引き抜き風角出し

江戸時代から大正時代頃に作られた
丸帯と呼ばれる帯の結び方をアレンジ
した結び方。帯締めと帯揚げを使い、
着物風に仕上げます。

テ	**手幅ひとつ分**	膝まで	床まで
ベース	蝶々結び	**片蝶結び**	真結び その他
長さ	3m60cm以下	**4m以下**	**4m以上**
質感	**柔らかめ**	**ふつう**	**硬め**
難易度	★★★★★（初級～中級）		

帯揚げ／トリエ　帯締め／オハラさん私物

1 片蝶結びにする（↓34ページ参照）

タレを上にして交差させ、テの下からタレをくぐらせてひと結びしてから片蝶結びにします。

2 タレを結び目に通す

結び目と体に巻いた胴帯の間にタレ先を上から下に通します。

3 垂れの長さを決める

おはしょりよりも少し下にタレ先がくるよう調節し、垂れを作ります。

4 お太鼓の山を決める

輪になったタレの重なりをずらし、結び目からやや離したところを持ちます。ここがお太鼓の山になります。

5 お太鼓の山を作る

結び目から手で持ったお太鼓の山の間を内側に折る要領で、体に巻いた胴帯の上線よりも上に山を持ち上げます。

6 帯揚げを当てる

5で作った山の内側に、4分の1の幅に折った帯揚げを通します。後ろへ回して胴帯の上で仮に結んでおきます。

7 お太鼓の底線を決める

帯の輪に帯締めを通します。お太鼓の大きさを決め、余りは帯締めを軸にして内側に折り込みお太鼓の底線を作ります。お太鼓に膨らみをもたせる要領で帯締めを上げます。このとき垂れも一緒に引き上げてお太鼓と垂れのバランスを調節します。帯締めは後ろに回して仮に結んでおきます。

8 形を整えて後ろへ回す

お太鼓の左右から羽根を出して形を整えたら、衿の合わせと同じ方向に帯結びを後ろへ回し、帯締めと帯揚げを結んで完成です。

お太鼓系

角出しリボン

帯締めも帯揚げも使わずに、名古屋帯で
結ぶ角出しの雰囲気を楽しめる帯結びです。
蝶々結びをする際、左右の長さは
そろっていたほうが形が決まりやすくなります。

テ	手幅ひとつ分	膝まで	床まで	
ベース	蝶々結び	片蝶結び	真結び	その他
長さ	3m60cm以下	4m以下	4m以上	
質感	柔らかめ	ふつう	硬め	
難易度	★★★★★（初級〜中級）			

1

蝶々結びにする （→33ページ参照）

タレを上にして交差させ、テの下からタレをくぐらせてひと結びしてから蝶々結びにします。

2

結び目の上から下に通す

結び目と体に巻いた胴帯の間に、テ先とタレ先を重ねて、上から下に通します。

3

垂れの長さを決める

おはしょりよりもやや下になるように、タレ先とテ先の長さを引き抜いて、垂れを作ります。

4 お太鼓の重なりを広げる

2枚に重なっているお太鼓を左右に広げます。

5 垂れの重なりを広げる

垂れも同様に、重なった2枚を左右に広げます。

6 羽根を起こす

ねているお太鼓の左右の羽根を、斜めに起こします。これにより、お太鼓に適度な膨らみが出ます。

7 形を整えて後ろへ回す

形を整えたら、衿の合わせと同じ方向に帯結びを後ろへ回して完成です。

蝶々結びのタレとテは長さが同じほうが角出しらしく仕上がりますが、お太鼓と垂れの左右のバランスをあえて変えても個性的な帯結びになります。半幅帯の帯結びは自由度が高いため、自分なりのアレンジを楽しんでみましょう

お太鼓系

蝶々太鼓

リバーシブルの帯の魅力を生かした帯結び。
テ先は裏側が表になるように半幅に折ってから
ベースとなる蝶々結びを結ぶことで、
左右の羽根の色を変えることができます。

テ	手幅ひとつ分	膝まで	**床まで**	
ベース	**蝶々結び**	片蝶結び	真結び	その他
長さ	3m60cm以下	4m以下	**4m以上**	
質感	**柔らかめ**	**ふつう**	硬め	
難易度	★★★★★（初級～中級）			

1 蝶々結びにする（↓33ページ参照）

タレを上にして交差させ、テの下からタレをくぐらせてひと結びしてから、テとタレで表裏の色が出るよう蝶々結びにします。

2 テを結び目に通す

結び目と体に巻いた胴帯の間にテ先を上から下に通します。

3 垂れの長さを決める

おはしょりよりも長めになるようテ先の長さを決めて、垂れを作ります。

4 タレ幅を半分に折る

タレの幅を半分に折り、3で作った垂れとお太鼓の間にくるよう回転させます。

5 お太鼓に重ねて折り上げる

半分幅に折ったタレを、お太鼓の上に重ねて折り上げます。タレ先は体に巻いた胴帯の中に入れてしまい込みます。

お太鼓が長い場合は、お太鼓の底を内側に折って長さを調節してからタレを重ねて折り上げます。

6 羽根を起こす

お太鼓の左右から出る羽根を起こし、まっすぐに整えます。可愛らしくしたい場合には、羽根を下に下ろします。

7 形を整えて後ろへ回す

形を整えたら、衿の合わせと同じ方向に帯結びを後ろへ回して完成です。

お太鼓系

ダブルウイング太鼓

アシンメトリーで個性的な帯結び。
ベースがひと結びだけなので、
和装クリップを使うのが緩んでこないコツです。

テ	手幅ひとつ分	**膝まで**	床まで
ベース	蝶々結び　片蝶結び　真結び	**その他**	
長さ	3m60cm以下	4m以下	**4m以上**
質感	**柔らかめ**	**ふつう**	**硬め**
難易度	★★★★★（初級〜中級）		

1 テとタレをひと結びする

タレを上、テを下に交差させて、テの下からタレをくぐらせてひと結びします。

2 テの幅を半分に折る

下側になったテを、結び目の際から半分の幅に折ります。

3 テを斜めに折り上げる

幅を半分に折ったテを、結び目の際から斜め上に折り上げます。

4 羽根を作る

折り上げたテは、結び目から手幅約ひとつ分のところで外側に折り、羽根を作ります。

5 もう一枚羽根を作る

続きのテでその羽根よりも少し短めにもう一枚羽根を作ります。

6 タレ幅を半分に折る

タレを結び目の際から半分の幅に折ります。2枚の羽根は和装クリップで留めておくと作業しやすくなります。

7 羽根の上にかぶせ下ろす

クリップをはずし、羽根の上に半分に折ったタレをかぶせ下ろします。

8 羽根の下にタレを通す

かぶせ下ろしたタレを7のAを突き上げるようにして羽根の下に通し、全部上に引き抜きます。

9 タレ幅を広げる

上に引き抜いたタレの幅を広げます。

10 タレを羽根の下に通す

羽根と体に巻いた胴帯の間にタレ先を上から通します。

11 タレをずらして山を作る

おはしょりよりもやや下までタレを引き抜いたら、帯の重なりをずらしてお太鼓の山を作ります。

12 帯締めを通す

11でずらしたタレの間に帯締めを通します。体に巻いた胴帯の下線をお太鼓の底線に決めて、余った分を帯締めを軸にして内側に折り込みます。後ろに回して仮に結んでおきます。

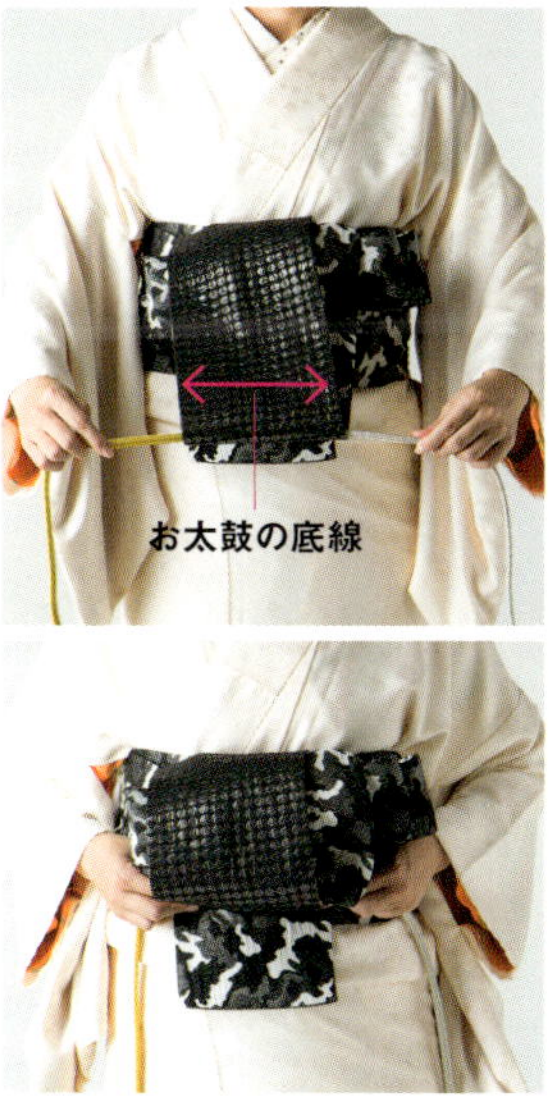

13 形を整えて後ろへ回す

お太鼓の左右の羽根を整え、全体の形を整えたら衿の合わせと同じ方向に帯結びを後ろへ回し、帯締めを結んで完成です。

お太鼓系

変わり角出し

帯締めと帯揚げを使った、本格的な帯結び。リバーシブルの帯の楽しさを生かしたボリュームのある後ろ姿は、どんな体型の方でも似合うこなれた印象です。

テ	手幅ひとつ分	膝まで	床まで
ベース	蝶々結び　片蝶結び	真結び	その他
長さ	3m60cm以下	4m以下	4m以上
質感	柔らかめ	ふつう	硬め
難易度	★★★★☆（初級～中級）		

1 テとタレをひと結びする

タレが上、テを下に交差させて、テの下からタレをくぐらせてひと結びします。

2 テとタレをまっすぐにする

ひと結びしたテを下に、タレを上に回転させてテとタレをまっすぐにします。こうすることで結び目が緩みにくくなります。

3 タレ幅を広げる

タレの帯幅を、結び目の際から広げます。

4 テの幅を半分に折る

テは半分の幅に折り、結び目の際から逆側に倒します。（※撮影用にタレは肩にかけています）

5 身幅に合わせて折り返す

逆側に倒したテを脇で折り返します。テの端は和装クリップで体に巻いた胴帯と一緒に留めておきます。

6 お太鼓の山を作る

タレ先がおはしょりよりも下になるようあらかじめ垂れの長さを調節し、ＡとＢを体に巻いた胴帯の上まで持ち上げてお太鼓の山を作ります。

7 帯揚げを当てる

６で作ったお太鼓の山に４分の１に折った帯揚げを通して後ろに回し、胴帯の上で仮に結んでおきます。

8 帯締めを当てる

一番外側に帯締めを当てます。帯締めと垂れ、２枚重なった帯を一緒に持って引き上げます。後ろに回して仮に結んでおきます。帯締めよりも下のＣは内側には折り込まず、残して垂れにします。

9 形を整えて後ろへ回す

お太鼓の形、左右に出る羽根の形、下側に出る垂れを整えます。衿の合わせと同じ方向に帯結びを後ろへ回し、帯締めと帯揚げを結んで完成です。

お太鼓系

半幅太鼓

形は一重太鼓そのもの。半幅帯で作る大人の帯結びとして、お出かけの日の装いにおすすめです。ボリュームのある形なので、体型カバーも期待できます。

テ	手幅ひとつ分	膝まで	床まで
ベース	蝶々結び 片蝶結び 真結び		その他
長さ	3m60cm以下	4m以下	4m以上
質感	柔らかめ	ふつう	硬め
難易度	★★★★★（初級〜中級）		

1 テとタレをひと結びする

タレが上、テを下に交差して、テの下からタレをくぐらせてひと結びします。54ページの2と同様に、テとタレを回転させてまっすぐにします。

2 タレとテの幅を広げる

タレとテの幅を、結び目の際から広げます。

3 帯枕を持つ

帯枕の表面を外側に、山を上にして持ちA、手首を外側に返して、表面を下、山が外側になるようにしますB。

4 帯枕を帯中に入れる

3のBの形のまま、結び目から手幅約ひとつ分のところで帯の中に帯枕を入れます。

5 帯枕と帯を上げる

帯枕の山と2枚の帯を一緒に持ち上げます。

6 お太鼓の山を作る

体に巻いた胴帯の上線よりも上にお太鼓の山を作ります。帯枕の山は上、裏面が体についていることを確認しましょう。帯枕の紐は後ろに回して結びます。

7 帯揚げを当てる

半分の幅にたたんだ帯揚げを、帯枕にかけます。後ろに回して胴帯の上で仮に結んでおきます。

8 お太鼓の底線を決める

左右の帯を平行に整えます。体に巻いた胴帯の下線を目安にお太鼓の底線を決めます。

9 お太鼓を作る

底線を片手で持ちながら、もう片方の手で2枚の帯を内側に折り上げます。おはしょりよりもやや下に垂れを作ります。

10 帯締めを当てる

折り上げた帯を押さえるように帯締めを当て、後ろへ回して仮に結んでおきます。

11 形を整えて後ろへ回す

形を整え、衿の合わせと同じ方向に帯結びを後ろへ回し、帯枕の紐を締め直します。帯揚げと帯締めを結んで完成です。

オハラリエコの毎日着物

～仕事着編～

羽織はビジネスシーンのジャケット感覚

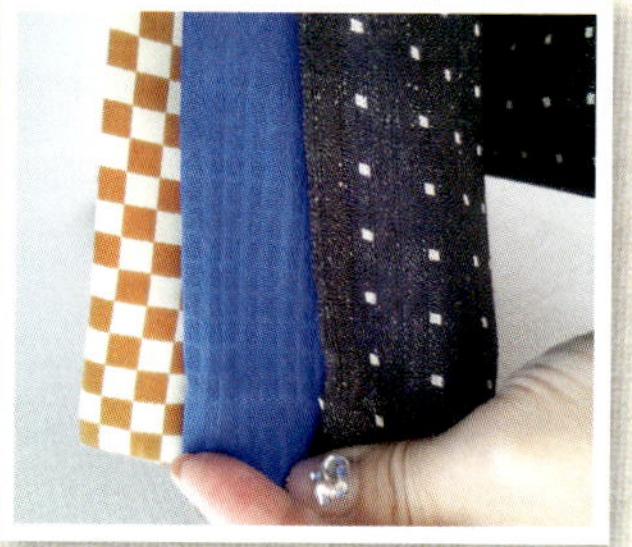

薄羽織と着物、長襦袢でテーマは四角尽くし。ちなみにこの日の足袋も半衿も市松柄尽くしでした。

♠月♣日

オハラコレクション③

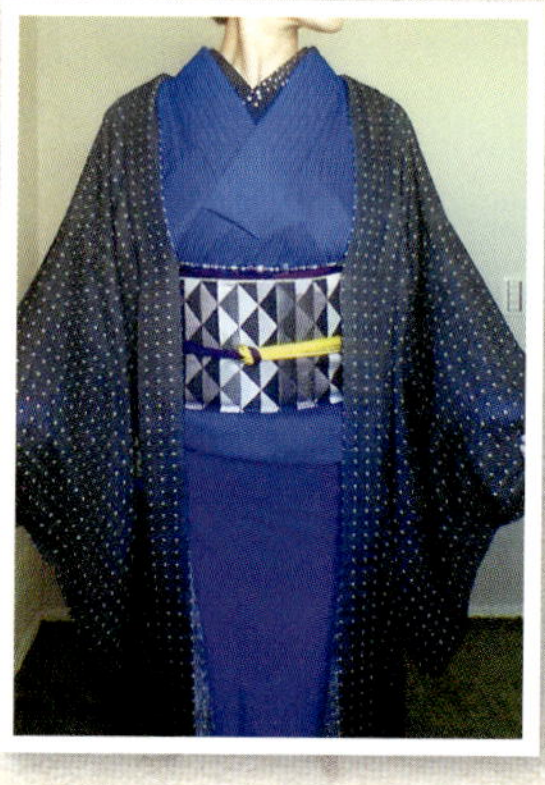

強めの色無地には補色の小物で攻めのコーデに。半衿にはふんだんにスワロフスキーをつけました。

黒の色無地は喪に間違われないよう八掛に派手な長襦地袢を使用。この日のテーマは丸尽くしです。

トリエのイベントのひとコマ。「FUNction key」の相方でもあり、「coten」の泉女史と。

仕事柄、着物を着ることが多いワタクシ。自分なりにTPOをわきまえてコーディネートしていますが、共通点は「羽織」。「羽織推進委員会」なるものがあれば書記あたりに立候補したいくらい羽織を愛用しております。自分なりの解釈では「羽織＝ジャケット」。だからこそ仕事の場面ではとくに、きちんと感を出すためにも羽織が必須なんです。着物は無地系のものばかり好んで着ていますが、そのかわり長襦袢や八掛《はっかけ》など通常「裏モノ」と呼ばれるところにひねりをプラスしてこなれ感を演出。また衿元や足元など面積の小さいところに柄を使ってチラリズムの美学を追求することで、「お、コイツやるな」と思わせるのがどうもワタクシの好みのようです。

★月♥日 外出先で自撮り（ピンボケ…）

打ち合わせの鉄板コーデ。羽織を着れば半幅帯でもカジュアルになりすぎません。

上・下／100m先でも目印になりそうなインパクトのある着物のときは羽織が必須。チャコールグレーの片身替わりの羽織はまさにビジネスシーンのジャケット感覚で羽織っております。

天候不順の日は白足袋の汚れが気になるので、柄足袋or色足袋の着用率高め。この日は黒のビロードで。

衿元と帯揚げにインパクトのある色を使うのもオハラ流。この2ポイントでバランスよくまとまります。

（左上）薄羽織／トリエ　帯・帯留め／RICO STYLE　バッグ／By the way　草履／菱屋カレンブロッソ　ほかすべてオハラさん私物

こなれた後ろ姿で粋に装う

ぺたんこ系

貝の口

男性の帯結びとしてもポピュラーな結び方。ぺたんこな形のため、乗り物での移動や映画館など長時間椅子に座るときにもラクチンな帯結びです。

テ	手幅ひとつ分	**膝まで**	**床まで**
ベース	蝶々結び　片蝶結び　真結び		**その他**
長さ	**3m60cm以下**	**4m以下**	4m以上
質感	柔らかめ	**ふつう**	**硬め**
難易度	★★★★★（初級～中級）		

着物／RICO STYLE　半幅帯／kosode

1 タレを内側に折る

帯を体に二巻きしたら、腕いっぱいを目安にタレを取り、余ったタレを内側に折り、体に巻いた胴帯に重ねます。

2 テとタレをひと結びする

タレが上、幅を半分に折ったテを下に交差させます。他の帯結びと違い、タレ幅は半分には折りません。

3 タレをテの下からくぐらす

タレでテをくるむ要領で、テの下から上にタレをくぐらせます。

4 折り目をしごく

ここがキモ

タレをすべて上に引き抜いたら、タレの布目がよれないようそっと締め、折り目を上下にしごき、フラットに仕上げます。

5 テを斜めに折り上げる

結び目の際からきれいに半分に折られているかを確認しながら、テを斜めに折り上げます。

6 タレでテをくるむ

タレを下ろし、テの底辺に指を当てます。指を軸にし、テをくるむ要領でタレを折り上げます。

7 タレを引き抜く

タレを斜め上に引き抜きます。強く締めすぎないよう、折り紙をたたむ要領で行いましょう。

8 角と角を合わせる

ここがキモ

タレの角とテの角を合わせます。ここがきちんと合っていると、仕上がりがきれいになります。

SOS!

帯が余ってしまったら

テが長すぎても、余った部分を内側に折り込んでしまえば最初から結び直す手間も省けます。

9 形を整えて後ろへ回す

形を整えたら、衿の合わせと同じ方向に帯結びを後ろへ回して完成です。

ぺたんこ系

矢の字

貝の口に似ていますが、
タレがあるため、おしりが目立ちません。
ゆったりとした帯結びなので、
帯締めをしたほうが安定感があります。

テ	手幅ひとつ分	膝まで	床まで
ベース	蝶々結び　片蝶結び	真結び	その他
長さ	3m60cm以下	4m以下	4m以上
質感	柔らかめ	ふつう	硬め
難易度	★★★★★（初級～中級）		

帯締め／オハラさん私物

1 テとタレをひと結びする

帯を体に二巻きしたら、タレが上、半分に折ったテを下に交差させます。

2 タレをテの下からくぐらす

テと交わるところを支点にし、タレをテの下に元から突き上げるようにしてくぐらせます。

3 タレ先を残して引き抜く

タレは全部引き抜かず、おはしょりの下までタレ先を残して垂れを作り、残りを引き抜きます。テとタレを軽く引き締めます。

4 タレ元を整える

タレを下げ、体に巻いた胴帯の上線に沿って、タレ元をまっすぐに整えます。

5 タレを斜めに折り上げる

タレ先

貝の口のようにテから先に折り上げてもかまいません。タレを先に折り上げる場合はクリップで留めておくと崩れにくくなります。

6 テを迎えにいく

折り上げたタレの内側に手を入れて、テを迎えにいきます。

7 テを引き抜く

角と角を合わせる

折り上げたテとタレの角が合うように、折り紙をたたむ要領でテを引き抜きます。

SOS!

帯が余ってしまったら

テが長すぎて余ってしまったら、内側に折りたたんでしまえば結び直す手間が省けます。

8 帯締めを通す

タレの内側に帯締めを入れて、テの上を通るように通します。後ろに回して胴帯の上で仮に結んでおきます。貝の口に帯締めを通す場合も同じ場所に当てます。

9 形を整えて後ろへ回す

形を整えたら、衿の合わせと同じ方向に帯結びを後ろへ回し、帯締めを結んで完成です。

ぺたんこ系

吉弥結び

アシンメトリーな形が特徴の帯結び。
粋でこなれた着姿を演出できます。
テは幅を半分に折って結ぶ
場合もありますが、ここでは幅を広げて
ボリュームを出した結び方を紹介します。

テ	手幅ひとつ分	**膝まで**	床まで
ベース	蝶々結び　片蝶結び　真結び		**その他**
長さ	**3m60cm以下**	**4m以下**	**4m以上**
質感	柔らかめ	**ふつう**	**硬め**
難易度	★★★★★（初級〜中級）		

1 テとタレをひと結びする

帯を体に二巻きしたら、タレが上、幅を半分に折ったテを下に交差させ、テの下からタレをくぐらせてひと結びします。

折り目をきちんとつける

2 タレ元を整える

タレを下ろし、体に巻いた胴帯の上線に沿って、タレ元をまっすぐに整えます。

3 タレ先を帯の下線に合わせる

タレ先を外側に折り上げて、体に巻いた胴帯の下線に合わせます。

4 タレを内側に折り上げる

左手を支点にして、タレを内側に斜めに折り上げます。

SOS!

帯が余ってしまったら

帯が長すぎて、タレが余ってしまった場合は、タレを内側に折り長さを調節します。

5 テを広げる

結び目の元からテの幅を広げます。折り上げたタレは左腕で押さえておくか、クリップで留めておきましょう。

6 テを迎えにいく

タレの内側に左手を入れて、テを迎えにいきます。

7 テを引き抜く

テとタレの角を合わせながら、テを引き抜きます。

8 帯締めを通す

タレの内側に帯締めを入れて、テの上に通すように通します。後ろへ回して胴帯の上で仮に結んでおきます。

9 形を整えて後ろへ回す

形を整えたら、衿の合わせと同じ方向に帯結びを後ろへ回し、帯締めを結んで完成です。

ぺたんこ系

かるた

ベースはいっさい結ばずに、
折り紙のようにして結ぶ帯結びです。
テを長めに取り、胴帯の下からタレのように
出してアレンジすることもできます。

テ	手幅ひとつ分	膝まで	床まで	
ベース	蝶々結び	片蝶結び	真結び	その他
長さ	3m60cm以下	4m以下	4m以上	
質感	柔らかめ	ふつう	硬め	
難易度	★★★★★（初級〜中級）			

1 テの長さを膝まで取る

テの長さを膝までに決めて中央に置き、背中に帯を当ててタレを前に回します。

2 テを下げたまま二巻きする

テは肩に預けずに、下に下げたまま帯を体に二巻きします。

3 タレを留めておく

二巻きしたら、次の動作がしやすいように、タレを脇の近くで体に巻いた帯と一緒にクリップで留めておきます。

4 テを折り上げる

体に巻いた帯の下線の際から、テを上に折り上げます。

5 テを体に巻いた胴帯の中に入れる

折り上げたテを、体に巻いた胴帯の中に入れて、下から引き抜きます。

6 タレを逆側に折る

タレを留めておいたクリップをはずし、テの側面を支点にして逆側に折り返し、クリップで留めます。

7 タレをたたむ

タレを端から内側に巻きだたみにし、最終的に身幅くらいの幅にたたみます。

8 テを折り重ねる

テをタレの上に折り上げて重ねます。

9 テを胴帯の中に入れる

上に余ったテを、体に巻いた胴帯の上線の際から内側に入れてしまい込みます。

10 形を整えて後ろへ回す

形を整えたら、衿の合わせと同じ方向に帯結びを後ろへ回して完成です。

アレンジ結び リボンかるた

プロセス7の巻きだたみを屏風だたみにし、片側をずらして裏面を見せることで、かるた結びとは異なるニュアンスが楽しめます。

ぺたんこ系

サムライレイヤー

揺れるタレにテ先の羽根がアクセントに。
シンプルな帯結びですが、
ぺたんこ系の中では立体感のある形で
表情豊かな帯結びです。

テ	手幅ひとつ分	**膝まで**	床まで
ベース	蝶々結び　片蝶結び　真結び		**その他**
長さ	3m60cm以下	**4m以下**	**4m以上**
質感	**柔らかめ**	**ふつう**	**硬め**
難易度	★★★★★（初級～中級）		

1 テとタレをひと結びする

帯を体に二巻きしたら、タレが上、幅を半分に折ったテを下に交差させ、テの下からタレをくぐらせてひと結びします。

2 テを斜めに折り上げる

結び目の際からテを半分の幅に整えて、斜めに折り上げます。

3 タレを胴帯に入れる

タレを体に巻いた胴帯の中に、タレ先から入れます。下から引き抜きます。

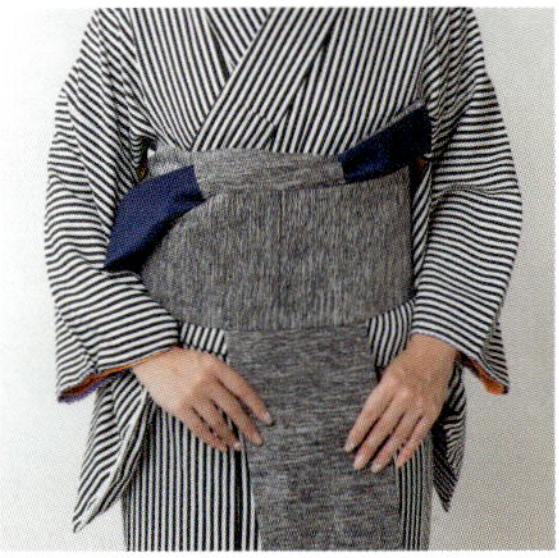

4 帯山を決める

タレを4等分にし、1番目と3番目の折り山を持ちます。ここが帯の山になります。

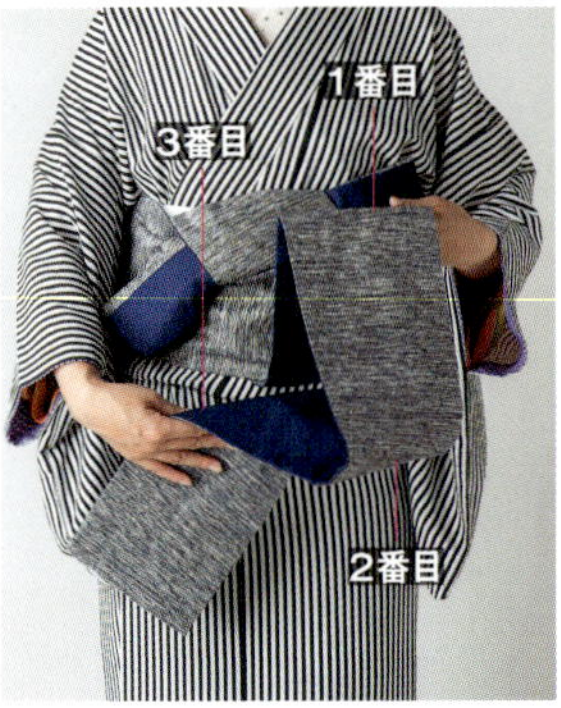

5 帯山を作る

体に巻いた胴帯の上まで4で決めた帯山を上げます。

6 帯揚げを通す

帯山に4分の1幅に折りたたんだ帯揚げを通して後ろへ回し、胴帯の上で仮に結びます。

7 形を整えて後ろへ回す

形を整えたら、衿の合わせと同じ方向に帯結びを回し、帯揚げを結んで完成です。

アレンジ結び サムライリボン

サムライレイヤーのプロセス4までは同じです。タレのたたみ方を変えることで、異なる雰囲気に仕上ります。

1 帯山を決める

タレを3等分し、1番目とタレ先を持って折り上げて、帯山を決めます。

2 帯山を胴帯に入れる

帯山を体に巻いた胴帯の上まで持ち上げたら、胴帯の中にはずれないよう深めに差し込みます。

3 形を整えて後ろへ回す

形を整えたら、衿の合わせと同じ方向に帯結びを後ろへ回して完成です。

個性派ボリューミーで
“脱ふつう”

ふんわり系

レイヤー

たたんだタレの重なりを、上下でランダムに開いてボリュームを出した華やかな帯結び。最終的に形を崩すので、たたみ方は多少ランダムでも問題ありません。

テ	手幅ひとつ分	膝まで	床まで	
ベース	蝶々結び	片蝶結び	真結び	その他
長さ	3m60cm以下	4m以下	4m以上	
質感	柔らかめ	ふつう	硬め	
難易度	★★★★★（初級～中級）			

着物／Rumi Rock　半幅帯／オハラさん私物

1 真結びにする （↓35ページ参照）

テが上、タレを下に交差させ、タレの下からテをくぐらせてひと結びしてから真結びにします。

2 タレを屏風だたみにする

タレ先から身幅分を目安に屏風だたみにします。少しくらいランダムでもかまいません。

3 胴帯に入れる

折りたたんだタレを、タレ元とつながっているほうの羽根を体に巻いた胴帯と結び目の間に入れます。

4 下から引き抜く

上下で長さが同じくらいになるよう、タレを下から引き抜きます。

5 上側を広げる

上になったタレの重なりをランダムに広げてボリュームを出します。

6 下側も広げる

下に引き抜いたタレも同様に、ランダムに広げてボリュームを出します。

7 形を整えて後ろへ回す

形を整えたら、衿の合わせと同じ方向に帯結びを回して完成です。

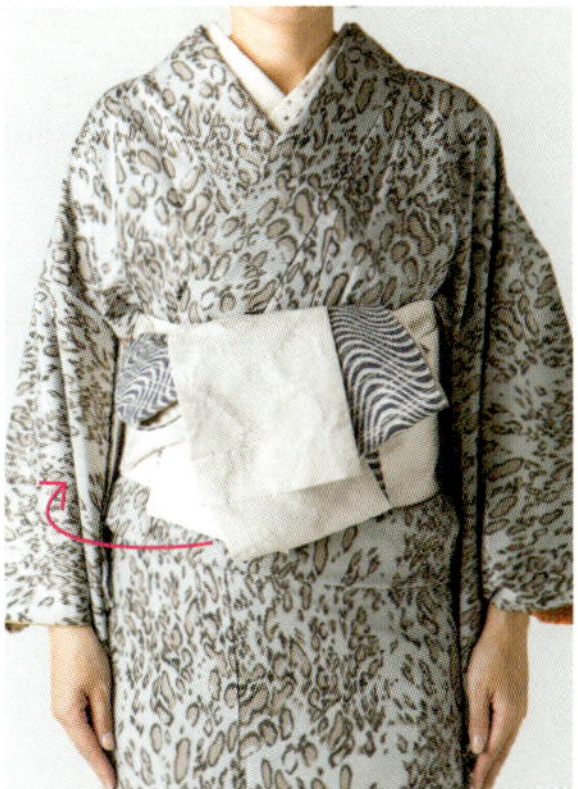

ふんわり系

ダブルレイヤー

テとタレで無数のひだを作り、ボリュームを出した帯結び。屏風だたみは最初に端を手前に折るか奥側に折るかをテとタレで変えると、色のコントラストを楽しめます。

テ	手幅ひとつ分	膝まで	**床まで**	
ベース	蝶々結び	片蝶結び	**真結び**	その他
長さ	3m60cm以下	4m以下	**4m以上**	
質感	**柔らかめ**	ふつう	硬め	
難易度	★★★★★（初級〜中級）			

1 真結びにする

テが上、タレを下に交差させ、タレの下からテをくぐらせてひと結びしてから真結びにします。

2 タレを屏風だたみにする

タレ先から身幅を目安に屏風だたみにします。

3 胴帯に入れる

タレ元とつながっているほうの羽根を体に巻いた胴帯と結び目の間に入れます。

4 下から引き抜く

上下で同じくらいの長さになるよう下に引き抜きます。

5 テを屏風だたみにする

テも同様に、テ先から身幅を目安に屏風だたみにします。

6 胴帯に入れる

たたんだら、テ元とつながっているほうの羽根を体に巻いた胴帯と結び目の間に入れて、上下同じくらいの長さになるよう引き抜きます。

7 重なりを広げる

すべての重なりをランダムに広げて、ボリュームを出します。

8 形を整えて後ろへ回す

形を整えたら、衿の合わせと同じ方向に帯結びを回して完成です。

ふんわり系

ウイングレイヤー

レイヤー結びとほぼ同じですが、
片蝶結びのリボンがアクセントに。
ボリュームをたっぷりと出したい場合は、
身幅よりもやや大きめにたたみましょう。

テ	**手幅ひとつ分**	膝まで	床まで	
ベース	蝶々結び	**片蝶結び**	真結び	その他
長さ	3m60cm以下	4m以下	**4m以上**	
質感	**柔らかめ**	**ふつう**	硬め	
難易度	★★★★☆（初級～中級）			

1 片蝶結びにする （→34ページ参照）

タレが上、テを下に交差し、テの下にタレをくぐらせてひと結びしてから片蝶結びにします。

2 タレを屏風だたみにする

タレ先から身幅を目安に屏風だたみにします。

3 胴帯に入れる

タレ元とつながっているほうの羽根を体に巻いた胴帯と結び目の間に入れます。

アレンジ結び ウイングプリーツ

半分の幅に折ったタレでウイングレイヤーを作ったアレンジ結び。最後に重なりをランダムにずらすことで、表裏の色のコントラストを楽しむことができます。

1 タレを半分に折る

片蝶結びにしたら、タレをすべて半分の幅に折ります。

2 重なりをずらす

ウイングレイヤーのプロセス4まで作ったら、それぞれのひだの重なりを少しずつずらして立体感とニュアンスをつけます。

4 下に引き抜く

上下で長さが同じくらいになるよう、下に引き抜きます。上側の羽根を下に下ろします。

5 重なりを広げる

上と下、それぞれの重なりをランダムに広げてボリュームを出します。

6 形を整えて後ろへ回す

形を整えたら、衿の合わせと同じ方向に帯結びを回して完成です。

オハラリエコの毎日着物

〜旅編〜

海外旅行も着物でGO
半幅帯で機内でもしっかり熟睡

♠月♣日

北海道初上陸イエーイ♪

三度の飯より旅が好き〜！

トリエのお仕事で北海道に初上陸。お世話になった「KIMONO HANA」のみなさまとトリエの寺本さんと。ふだん9月初旬から単衣を着ることはまだまだ暑くてめったにありませんが、北海道ではちょうどよかった！

実はワタクシ、旅行をするために働いていると言っても過言でないくらいの無類の旅好き。将来の夢は海外移住と、本気で思っているのでございます。仕事柄出張も多いので、1週間の旅行で「着物と長襦袢を2枚ずつ、帯3本、着付け小物&小物たち」プラス洋服一式を持って出かけます。ポイントはひたすら丸める。この方法でそれらを機内持ち込みサイズのトランクに収めるのです。そして最近ハマっているのが着物で海外旅行。とくにヨーロッパ圏などは着物にぴったり。半幅帯でぺたんこ系にすれば機内でもしっかり熟睡。気持ちCAさんが優しかった気も……。この話はいずれまた機会を作ってゆっくりじっくり語りたいと思います。

◆月●日

オハラコレクション④

真夏の移動はゆかたでラクチン。祭りでもないのにゆかたで電車に乗るのは抵抗がありますが、薄羽織一枚で解消する気がします。

飛行機移動には必ず羽織を着用。最初の頃、帯留めに金属探知機が反応するかとビクビクしてましたが取り越し苦労でした。

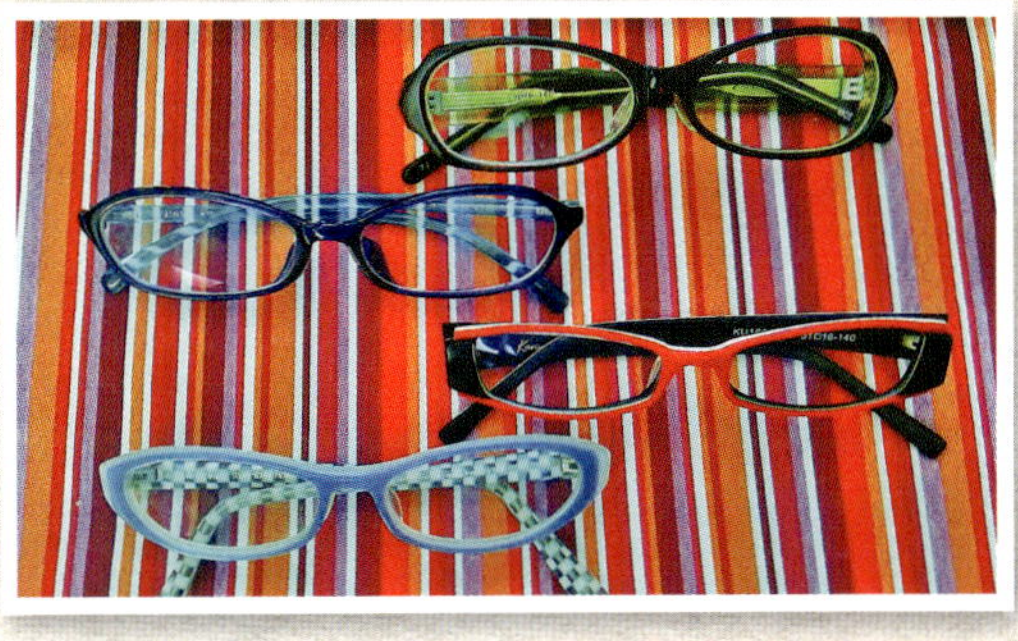

洋服のときも着物のときもメガネを愛用。小洒落たメガネをかけると3割くらいお洒落に見える気がしませんか。着物に合わせる場合は、ソコソコ個性的で細いフォルムがお洒落だと思います。

乗り物での移動には、やっぱり半幅帯がいちばんラクチン。ぺたんこ系の帯結びにすれば、背もたれにもガンガンもたれかかれます。

＊月◎日
音楽の都ウィーンにて

年始の一人旅。ウィーンのコンツェルトハウスにて第九を鑑賞。紳士淑女に褒められちゃいました（嬉）。

右上のドレスイロムジは、機内ではこんな装いに。半幅帯をかるたに結んでラクチンに。半幅帯や兵児帯は丸めてコンパクトにできるので、旅のお供にもってこいです。

こちらもウィーンのひとコマ、オペラ座にて。海外で着物を着る場合、ツヤ感のある生地がベスト。ヘアスタイルはシンプルなほうがいいかと思われます。

(上)着物／RICO STYLE
帯・草履・半衿／すべてトリエ　バッグ／By the way
ほかすべてオハラさん私物

PART 3

兵児帯・三重仮紐を使った帯結び

大人の兵児帯の定義は、ふわふわしすぎない・透ける素材は避ける・ポリエステルの場合は、チープに見える素材は避ける・おしりは徹底して隠す・どこか1箇所以上に直線ラインを作る（とくにお太鼓の上辺ライン）こと。この章では、よそゆき感もあり体型カバーにも適した兵児帯の帯結びと、三重仮紐を使用したゴージャスな帯結びを紹介します。兵児帯はなるべく張りがあるタイプを、三重仮紐を使った帯結びには、4m以上ある帯のほうが羽根をたくさん作れるためおすすめです。

※各帯結びの表にある長さと質感はあくまでも目安です。体型などに応じて、適した帯を選んでください。

半幅帯もマスターしたことだし今度女子会に
早速半幅帯を締めて行こうと思って
どーですか？かるた結び
ちょっと待って！その女子会ってどこでやるん？
銀座のレストランでディナーです予約もほとんど取れない人気店ですよ！
いいなー
それならこの帯と帯結びだとカジュアルすぎるなあ
うーん
えーっ
わるくはないけど…
せっかくT美さんに選んでもらったのに！
N子さんの雰囲気に合っていいけどサンダルの中でもサボを履こうとしているようなもの
Sabot
銀座でディナーならもう少しツヤ感のある素材のほうがええわ
たしかにあのレストランにはカジュアルすぎるかな
せめて帯締めで飾るとか？
あうー

それも手だけど着物は後姿を見せるもの
帯の雰囲気を変えて帯結びももっと華やかなものにチャレンジしてみたら？
うしろすがた…
え？帯結びを？
三重仮紐というゴムを使えば誰でもかんたんにボリューミーな帯結びができるようになるんよ
ボリュームを出すだけなら兵児帯でもいいの？
くるっ
カジュアルすぎない雰囲気であればオススメ♡
名古屋帯で結ぶお太鼓っぽいのにふんわりしてて素敵！
わー
そうただしハリのある素材を選ぶことがポイント
では半幅帯と兵児帯の仕上げとして
最後にパーティーシーンにもオススメの帯結びをマスターしましょ！

張りのある素材で
華やかに

大人の兵児帯

兵児蝶々太鼓

適度な張りのある兵児帯を使った、
ふんわりボリューミーなお太鼓結び。
短めの場合は、蝶々結びのリボンを
小さめに作るといいでしょう。

テ	手幅ひとつ分	膝まで	**床まで**	
ベース	**蝶々結び**	片蝶結び	真結び	その他
長さ	3m60cm以下	**4m以下**	**4m以上**	
質感	**柔らかめ**	**ふつう**	硬め	
難易度	★★★★★（初級～中級）			

着物／オハラさん私物　兵児帯／トリエ

1 蝶々結びにする（→33ページ参照）

タレが上、テを下に交差させ、テの下にタレをくぐらせてひと結びしてから蝶々結びにします。

ベースとなる結び方は半幅帯と同じ。P.30-35を参考にしましょう

2 テとタレを持ち上げる

テ先とタレ先をきれいに重ねて一緒に持ち、上に上げます。

3 結び目に通す

テとタレを、結び目の上に端から入れて下に引き抜きます。

4 お太鼓の垂れを作る

おはしょりよりもやや下まで引き抜き、お太鼓の垂れを作ります。

5 形を整えて後ろへ回す

お太鼓の形を整えたら、衿の合わせと同じ方向に帯結びを後ろへ回して完成です。

アレンジ結び ラップフラワー

兵児蝶々太鼓を結び目の下から引き抜かず、両端を飾りとして残したアレンジ結び。お太鼓部分が小さくなりすぎないよう、バランスをとりましょう。

1 テとタレの先を握る

兵児蝶々太鼓と同様に蝶々結びします。テ先とタレ先からそれぞれ15㎝ほどのところを握ります。

2 結び目に通す

握った場所を、結び目の上から入れます。テ先とタレ先は残します。

3 形を整えて後ろへ回す

テとタレの両端の重なりを広げ、お太鼓部分の重なりもふんわりと広げて整えたら、衿の合わせと同じ方向に帯結びを後ろへ回して完成です。

大人の兵児帯

フラワー

ループの連なりで見せる
個性的な帯結びです。リバーシブルの
兵児帯で結んでも華やかな印象に。
バランス次第でさまざまな表情が楽しめます。

テ	手幅ひとつ分　膝まで　**床まで**
ベース	**蝶々結び**　片蝶結び　真結び　その他
長さ	3m60cm以下　**4m以下**　**4m以上**
質感	**柔らかめ**　ふつう　硬め
難易度	★★★★★（初級〜中級）

1 蝶々結びにする（→33ページ参照）

タレが上、テを下に交差させ、テの下にタレをくぐらせてひと結びしてから蝶々結びにします。

2 テとタレを結び目に通す

テとタレを一緒に持ち、体に巻いた胴帯と結び目の間に先から通し、上に引き抜きます。

3 上に引き抜く

手幅ひとつ分よりもやや短めに残し、残りをすべて上に引き抜きます。

4 ループを作る

上に引き抜いたテとタレを下ろし、片側からループを作って端を結び目の上から中にしまい込みます。

> ループがはずれないよう、帯の中に深めにしまいます

5 逆側もループを作る

もう片側も同様にループを作り、結び目の上から中にしまい込みます。

6 重なりを広げる

すべてのループの重なりを広げてボリュームを出します。

7 形を整えて後ろへ回す

形を整えたら、衿の合わせと同じ方向に帯結びを後ろへ回して完成です。

大人の兵児帯

本角風太鼓

こなれた雰囲気に見える角出しを
兵児帯で結ぶことで、より着慣れたふうに
見せる帯結びです。お太鼓の両サイドから
片蝶結びが見えるように作ります。

テ	手幅ひとつ分	膝まで	床まで
ベース	蝶々結び	片蝶結び	真結び　その他
長さ	3m60㎝以下	4m以下	4m以上
質感	柔らかめ	ふつう	硬め
難易度	★★★★★（初級～中級）		

帯揚げ／トリエ

1 片蝶結びにする（→34ページ参照）

手のひらよりもやや長めにテを取り、タレが上、テを下に交差させ、テの下にタレをくぐらせてひと結びしてから片蝶結びにします。

2 タレを結び目に通す

タレ先を持ち、結び目の上に端から入れて、下から引き抜きます。

3 お太鼓の垂れを作る

おはしょりよりもやや長くなるようタレを下から引き抜きます。ここがお太鼓の垂れ部分になります。（※撮影用に帯を肩にかけています）

お太鼓の大きさは手幅約 3 つ分が目安です

4 帯揚げを入れる

お太鼓の大きさを測り、帯揚げを2枚重なった帯の中に入れてお太鼓の山を決めます。余った帯は内側に寄せておけば表からは見えません。

5 お太鼓の山を作る

帯揚げを、体に巻いた胴帯の上まで上げて、お太鼓の山を作ります。帯揚げは後ろへ回して胴帯の上で仮に結んでおきます。

6 形を整えて後ろへ回す

形を整えたら、衿の合わせと同じ方向に帯結びを後ろへ回し、帯揚げを結んだら完成です。

パイルレイヤー

段違いに連なるお太鼓が、個性的な後ろ姿を演出。ツヤ感のある華やかな兵児帯で結べば、お洒落を楽しむ気軽なパーティーにもおすすめの帯結びです。

テ	**手幅ひとつ分**	膝まで	床まで
ベース	蝶々結び	片蝶結び	**真結び** その他
長さ	3m60cm以下	**4m以下**	**4m以上**
質感	**柔らかめ**	ふつう	硬め
難易度	★★★★★（初級～中級）		

1 真結びにする（→35ページ参照）

テが上、タレを下に交差させ、タレの下にテをくぐらせてひと結びしてから真結びにします。

2 タレを屏風だたみにする

タレ先から肩幅を目安に長さを測ります。じゃばら折りになるよう、端から屏風だたみにします。

3 結び目に通す

たたみ終わったら、タレ元とつながるほうの先を、結び目の上から入れます。

4 下から引き抜く

結び目から上下同じくらいの長さになるよう、下から引き抜きます。

アレンジ結び ランダムレイヤー

たたんだタレの重なりを、左右交互に広げた躍動感のある帯結び。体型とのバランスを見ながら、ランダムに形作ります。

1 肩幅よりもやや短めにたたむ

パイルレイヤーと同様に真結びにしたら、肩幅よりもやや短めにタレ先から屏風だたみにします。

2 重なりを左右に広げる

たたんだタレを結び目の上から下に引き抜いたら、上側の重なりを左右交互に広げます。

3 下側も左右に広げる

下側の重なりも、左右交互に広げ、形を整えたら、衿の合わせと同じ方向に帯結びを後ろへ回して完成です。

ここからたれの重なりを少しずつずらして形を作ります

5 重なりをずらす

上下ともに、重なりを少しずつずらします。

6 段々になるよう形づける

上から段々になるよう、お太鼓を形づけます。

7 形を整えて後ろへ回す

形を整えたら、衿の合わせと同じ方向に帯結びを回して完成です。

簡単ゴージャス
パーティー結び

三重仮紐

クロスフック

幾重にも重なる羽根は、一枚一枚
動きをつけると躍動感が生まれます。
羽根の位置を高くし、目線を上げると、
より華やかな印象に。

テ	手幅ひとつ分	膝まで	**床まで**
ベース	蝶々結び　片蝶結び	真結び	**その他**
長さ	3m60cm以下	4m以下	**4m以上**
質感	**柔らかめ**	**ふつう**	硬め
難易度	★★★★★（初級～中級）		

着物／RICO STYLE　半幅帯／Rumi Rock　帯揚げ／トリエ

三重仮紐ってなに?

三重仮紐とは、中央が三またに分かれた変わり結び用の紐のこと。主に振袖の帯結び用に考案されました。自分で結ぶ場合は、テとタレを結んでから三また部分が体の前にくるようにつけます。ここでは体に近い紐から1番目、2番目、3番目と表記します。

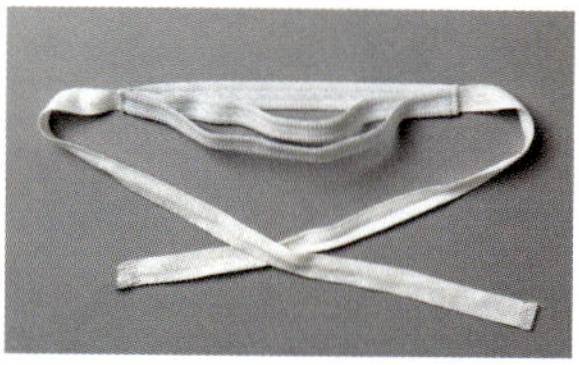

中央の三またに帯で作ったひだや羽根を通して形作ります。

1 テとタレをひと結びする

タレが上、テを下に交差し、テの下にタレをくぐらせてひと結びします。

2 三重仮紐をつける

体に巻いた胴帯よりも上に三重仮紐をつけて後ろに回して、胴帯の上で仮に結びます。

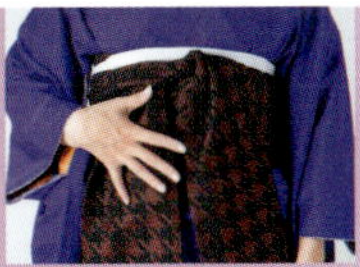

羽根の大きさは手幅ひとつ分よりもやや小さめに

3 テで羽根を作る

結び目から手幅ひとつ分よりもやや短めのところを内側に折って、テで羽根を作ります。

4 2番目の三重仮紐に通す

3の羽根を、2番目の三重仮紐に通し、左斜めに振ります。

5 タレで羽根を作り3番目に通す

タレ側にもテと同じ羽根を作り、3番目の三重仮紐に通して右斜めに振ります。

6 タレで羽根を作り2番目に通す

タレ側にもう一枚同じ羽根を作り、2番目の三重仮紐に通して左斜めに振ります。

7 テで羽根を作り3番目に通す

テ側にもう一枚同じ羽根を作り、3番目の三重仮紐に通し、右斜めに振ります。

8 帯揚げを当てる

すべての羽根を上に上げ、4分の1の幅に折りたたんだ帯揚げを当てます。後ろに回して胴帯の上で仮に結んでおきます。

9 形を整えて後ろへ回す

羽根を下ろして形を整えたら、衿合わせと同じ方向に帯結びを後ろへ回し、三重仮紐と帯揚げを結んで完成です。

三重仮紐

ふくら太鼓

振袖のふくら雀にも似た帯結びを
半幅帯で再現しました。ころんとした
丸みのあるフォルムは可愛らしい中にも
よそゆきな雰囲気も感じさせる帯結びです。

テ	手幅ひとつ分	**膝まで**	床まで	
ベース	蝶々結び	片蝶結び	真結び	**その他**
長さ	3m60cm以下	**4m以下**	**4m以上**	
質感	**柔らかめ**	**ふつう**	硬め	
難易度	★★★★★（初級〜中級）			

帯締め／オハラさん私物

1 テとタレをひと結びする

タレが上、テを下に交差させ、テの下からタレをくぐらせてひと結びします。

2 三重仮紐をつける

体に巻いた胴帯よりも上に三重仮紐をつけて後ろに回し、胴帯の上で仮に結びます。

3 タレで羽根を作り2番目に通す

結び目の際から手幅約ひとつ分よりもやや短いところでタレを内側に折り、羽根を作ります。2番目の三重仮紐に通し左斜めに振ります。

羽根の大きさは手幅ひとつ分よりもやや小さめに

4 テで羽根を作り3番目に通す

テ側にも同じく羽根を作ります。3番目の三重仮紐に通し、右斜めに振ります。

5 残りのテを2番目に通す

4で残ったテを2番目の三重仮紐に通し、左斜めに振ります。帯幅を広げて羽根にします。

6 タレを1番目に通す

1番目の三重仮紐に、タレ先を通し、上に引き抜きます。帯の長さに応じて、残す分量Aを調節します。

7 帯揚げを当てる

4分の1に折りたたんだ帯揚げを三重仮紐に沿って当てて後ろへ回し、胴帯の上で仮に結んでおきます。（※撮影用に帯を肩にかけています）

8 帯締めを当てる

体に巻いた胴帯の下線に帯締めを合わせます。ここがお太鼓の底線の目安になります。

9 お太鼓の底線を作る

8の帯締めの位置のまま、タレに帯締めを当てます。人差し指を軸にして、お太鼓の底線を作っていきます。

10 お太鼓の垂れを作る

お太鼓の底線と帯締めを片手で持ち、もう片方の手で帯を折り上げて、タレ先を胴帯の5㎝下に残して垂れを作ります。

三重仮紐

パーティーリボン

大きく広がるアシンメトリーな羽根が、
パーティーシーンを盛り上げます。
たっぷりと羽根を取りたいので、
4m以上の長めの帯がおすすめです。

テ	手幅３つ分	膝まで	床まで	
ベース	蝶々結び	片蝶結び	真結び	その他
長さ	3m60cm以下	4m以下	4m以上	
質感	柔らかめ	ふつう	硬め	
難易度	★★★★★（初級〜中級）			

帯揚げ・帯締め／ともにトリエ

1 テとタレをひと結びする

手幅約3つ分テを取り、タレが上に交差させ、テの下からタレをくぐらせてひと結びします。

11 帯締めを後ろへ回す

お太鼓の底線と垂れが決まったら、帯締めを後ろへ回して仮に結んでおきます。

12 羽根を整える

お太鼓の左右からのぞく羽根を整えます。

13 形を整えて後ろへ回す

衿の合わせと同じ方向へ帯結びを後ろへ回し、三重仮紐と帯揚げ、帯締めを結んだら完成です。

2 三重仮紐をつける

体に巻いた胴帯よりも上に三重仮紐をつけて後ろに回し、胴帯の上で仮に結びます。

3 タレで羽根を作る

結び目の際から手幅約ひとつ分のところを内側に折り、タレで羽根を作ります。

羽根の大きさは手幅約ひとつ分

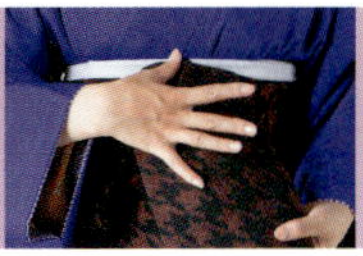

4 2番目に通す

タレで作った羽根を2番目の三重仮紐に通し、右斜めに振ります。

5 タレで羽根を作り3番目に通す

再びタレで羽根を作り、3番目の三重仮紐に通して左斜めに振ります。

6 続きのタレで羽根を作り2番目に通す

続きのタレでもう一度羽根を作り、2番目の三重仮紐に通して右斜めに振ります。

7 残りのタレを3番目に通す

残りのタレをすべて、3番目の三重仮紐に通して左斜めに振ります。

8 帯揚げを当てる

一番目の三重仮紐に沿って、帯揚げを当てます。後ろへ回し、胴帯の上で仮に結んでおきます。

9 帯締めを当てる

体に巻いた胴帯の下線から約5㎝上に帯締めを当てて、後ろへ回し、胴帯の上で仮に結んでおきます。

10 テにひだを取る

テ先にひだを取ります。

11 テ先を1番目に通す

ひだを取ったテを上げ、1番目の三重仮紐の上から下に通し、斜め下にテ先を出します。

12 羽根を広げる

すべての羽根をバランスよく広げます。

13 形を整えて後ろへ回す

形を整えたら、衿の合わせと同じ方向に帯結びを後ろへ回し、三重仮紐と帯締め、帯揚げを結んで完成です。

三重仮紐

ラップリボン

羽根を散らさず、下向きにそろえることで、華やかながらも落ち着いた大人の印象に仕上がります。若々しさを出したい場合は、タレとは逆側の羽根を上方に向けるといいでしょう。

テ	手幅ひとつ分	膝まで	床まで	
ベース	蝶々結び	片蝶結び	真結び	その他
長さ	3m60cm以下	4m以下	4m以上	
質感	柔らかめ	ふつう	硬め	
難易度	★★★★★（初級〜中級）			

1 テとタレをひと結びする

タレが上、テを下に交差させ、テの下からタレをくぐらせてひと結びします。

2 三重仮紐をつける

体に巻いた胴帯よりも上に三重仮紐をつけて後ろに回し、胴帯の上で仮に結びます。

3 テで羽根を作り2番目に通す

結び目の際から手幅ひとつ分よりも短いところでテを内側に折り、羽根を作ります。2番目の三重仮紐に通して左斜めに振ります。

羽根の大きさは手幅ひとつ分よりもやや小さめに

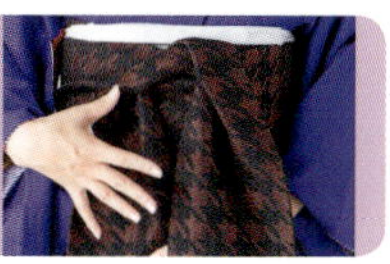

4 タレで羽根を作り3番目に通す

タレにも同じく羽根を作り、3番目の三重仮紐に通して右斜めに振ります。

5 テを左斜めに折り上げる

残りのテは左斜めに折り上げます。

6 テ先を2番目に通す

折り上げたテは、テ先から2番目の三重仮紐に通します。

7 テ先を左斜めに振る

三重仮紐に通したテ先は、左斜めに振ります。

8 帯揚げを当てる

一番目の三重仮紐に沿って、4分の1に折りたたんだ帯揚げを当てます。後ろへ回し、胴帯の上で仮に結んでおきます。

9 タレ幅を半分に折る

タレの幅を半分に折ります。

10 タレを折り上げる

幅を半分に折ったタレを、右斜めに折り上げます。

11 タレ先から1番目の三重仮紐に通す

半分に折ったタレを、タレ先から1番目の三重仮紐の上から下に通し、Aがきつくなりすぎないようふんわりと締めます。

12 羽根とタレを整える

羽根を適度に広げ、左側のタレを下に垂らして形を整えます。

13 後ろへ回す

衿の合わせと同じ方向に帯結びを後ろへ回し、三重仮紐と帯揚げを結んで完成です。

三重仮紐

キャンディリボン

ふくら太鼓に羽根を足したアレンジ結び。
かっちりとした雰囲気の
お太鼓のサイドと上に、ふんわりと
羽根を飾った、品よく可愛い帯結びです。

テ	**手幅３つ分**　膝まで　床まで
ベース	蝶々結び　片蝶結び　真結び　**その他**
長さ	3m60cm以下　4m以下　**4m以上**
質感	**柔らかめ**　**ふつう**　硬め
難易度	★★★★★（初級～中級）

1 テとタレをひと結びする

テが上、タレを下に交差させ、タレの下からテをくぐらせてひと結びします。

2 三重仮紐をつける

テの幅を結び目の元から広げます。体に巻いた胴帯よりも上に三重仮紐をつけて後ろに回し、胴帯の上で仮に結びます。

3 テを折り上げる

結び目の際から手幅約ひとつ分よりもやや短いところでテを折り上げます。

4 三重仮紐に通す

3で折り上げたテを、三重仮紐に通し左斜めに引き抜きます。

5 テ先を2番目と3番目に通す

4のテ先を右斜めに折り上げて、2番目と3番目の三重仮紐に通して引き抜きます。

6 タレで羽根を作る

結び目の際から手幅約ひとつ分のところを内側に折り、羽根を作ります。

羽根の大きさは手幅約ひとつ分

7 羽根を2番目に通す

タレで作った羽根を、2番目の三重仮紐に通し、右斜めに振ります。

8 もう一枚羽根を作る

続きのタレで同様に羽根を作り、3番目の三重仮紐に通して左斜めに振ります。

9 羽根を左右に広げる

右の羽根は右に、左の羽根は左に広げて均等に整えます。

10 帯揚げを当てる

結び目から手幅ひとつ分のところを目安にタレの内側に、幅を4分の1に折りたたんだ帯揚げを当てます。

11 お太鼓の山を作る

帯揚げとタレを上げます。両サイドの羽根の上に帯揚げを通し、後ろへ回し、胴帯の上で仮に結んでおきます。

12 帯締めを当てる

上に出た2枚の羽根を下ろし、体に巻いた胴帯の下線と同じ位置で、タレの内側に帯締めを当てます。

13 お太鼓の底線を作る

人差し指を軸にして、タレを内側に折り上げます。ここがお太鼓の底線になります。

14 お太鼓の垂れを作る

帯締めとお太鼓の底線を片手で持ち、もう片方の手で帯を折り上げます。胴帯の下線よりも5㎝くらい長く垂れを作ります。

15 帯締めを結ぶ

帯締めを後ろへ回し、仮に結んでおきます。

16 羽根を整える

両サイドの羽根はお太鼓の横からのぞくように形を整えます。

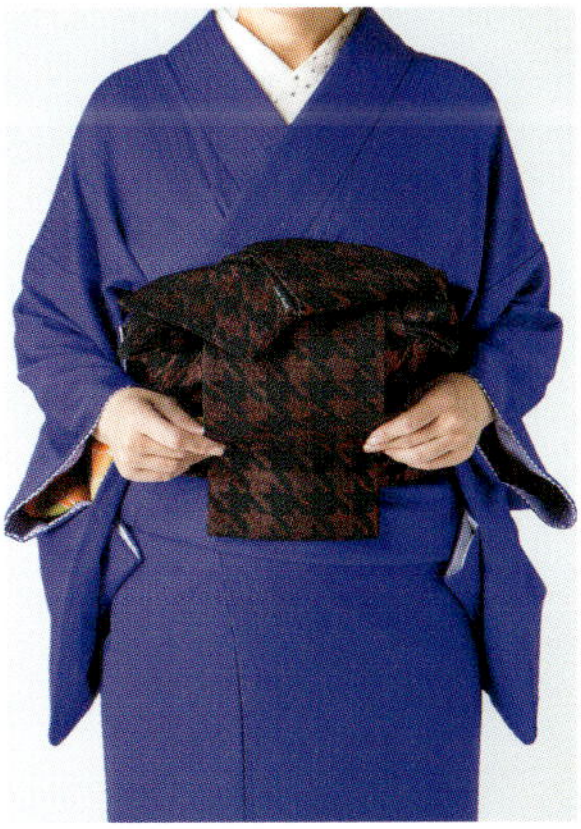

17 後ろへ回す

衿の合わせと同じ方向に帯結びを後ろへ回し、三重仮紐と帯揚げ、帯締めを結んで完成です。

三重仮紐を使った帯結びは、パーティーシーンに似合う色や柄で長さが4m 以上ある帯のほうがアレンジしやすく、華やかな帯結びに仕上がります。長い帯が見つからない場合は、体に巻いて見えない部分に足し布をして長さを出してもいいでしょう。

三重仮紐

兵児立て矢

ギャザーを寄せずに羽根を作ることで、可愛くなりすぎず、シャープな印象に仕上がります。リバーシブルの兵児帯がおすすめです。

テ	**手幅３つ分**	膝まで	床まで	
ベース	蝶々結び	片蝶結び	真結び	**その他**
長さ	3m60cm以下	4m以下	**4m以上**	
質感	**柔らかめ**	**ふつう**	硬め	
難易度	★★★★★（初級～中級）			

帯／Rumi Rock

1 テとタレをひと結びする

体に合うサイズに幅を折りたたみます。手幅約3つ分を目安にテを取り、タレを上に交差させ、テの下からタレをくぐらせてひと結びします。

2 三重仮紐をつける

体に巻いた胴帯よりも上に三重仮紐をつけて後ろに回し、胴帯の上で仮に結びます。

3 タレを斜めに折り上げる

結び目の際から手幅約ひとつ分のところでタレを右斜めに折り上げます。

4 タレを外側に折り下げる

折り上げた元から手のひら約2つ分のところでタレを外側に折り下げます。

5 2番目と3番目に通す

三重仮紐の2番目と3番目に折りたたんだタレをタレ先から通します。

6 上下で羽根の長さをそろえる

手幅約ひとつ分を目安にタレを引き抜き、2番目と3番目の三重仮紐の上下で羽根の大きさが同じになるようにします。

7 もう一枚羽根を作る

残りのタレを同じように折ります。

8 3番目に通す

7で作った羽根を3番目の三重仮紐に通し、上下で同じ長さになるように上に引き抜きます。

9 帯揚げを当てる

三重仮紐に沿って、幅を4分の1に折りたたんだ帯揚げを当てます。後ろへ回し、胴帯の上で仮に結んでおきます。

10 テ幅を細くする

タレの帯幅を折り、細くしたら、結び目の際から左斜めに折り上げます。

11 1番目に通す

細く折りたたんだテを、1番目の三重仮紐に通します。

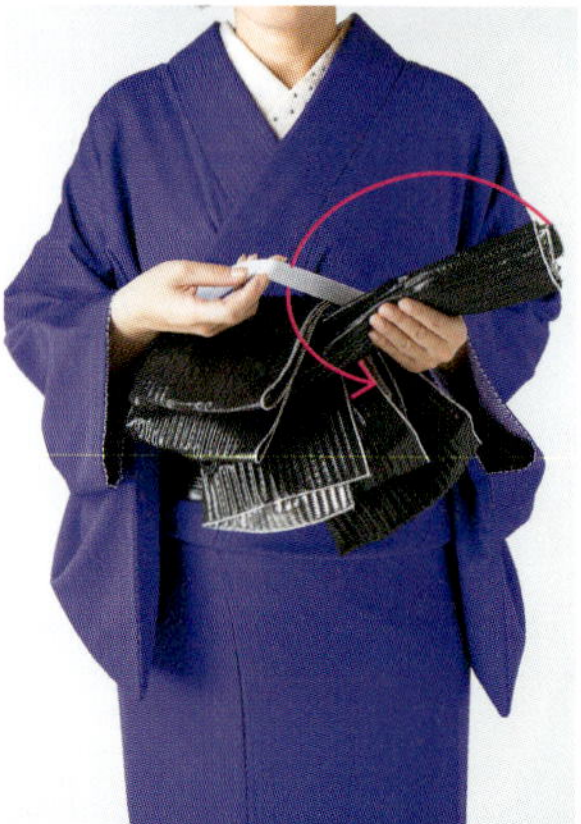

12 下に引き抜く

三重仮紐を上からくるむ要領でテを上から下に引き抜きます。

13 羽根を広げる

すべての羽根をバランスよく広げて形を整えます。

14 形と整えて後ろへ回す

衿の合わせと同じ方向に帯結びを後ろへ回し、三重仮紐と帯揚げを結んで完成です。

三重仮紐

フックバタフライ

タレで作った羽根を左右交互に広げ、最後にテで作った大きな羽根を飾ります。上にボリュームのある帯結びは視線が上に集まるため、おしりも目立ちません。

テ	**手幅３つ分**	膝まで	床まで	
ベース	蝶々結び	片蝶結び	真結び	**その他**
長さ	3m60cm以下	**4m以下**	**4m以上**	
質感	**柔らかめ**	**ふつう**	硬め	
難易度	★★★★★（初級～中級）			

1 テとタレをひと結びする

体に合うサイズに幅を折りたたみます。手幅3つ分を目安にテを取り、タレを上に交差させ、テの下からタレをくぐらせてひと結びします。

タレ
テ

2 三重仮紐をつける

体に巻いた胴帯よりも上に三重仮紐をつけて後ろに回し、胴帯の上で仮に結びます。

3 タレで羽根を作り2番目に通す

タレの結び目の際から手幅約ひとつ分のところを内側に折り、羽根を作ります。2番目の三重仮紐に通して右斜めに振ります。

羽根の大きさは手幅約ひとつ分

4 タレで羽根を作り3番目に通す

続きのタレでさらに羽根を作り、3番目の三重仮紐に通して左斜めに振ります。

5 タレで羽根を作り2番目に通す

さらに続きのタレで羽根を作り、2番目の三重仮紐に通して右斜めに振ります。

6 タレで羽根を作り3番目に通す

さらに続きのタレで羽根を作り、3番目の三重仮紐に通して左斜めに振ります。

7 タレ先を2番目に通す

タレ先を、2番目の三重仮紐に通します。右斜めに振ります。

8 テを折りたたむ

上に出た羽根をすべて下に下ろします。次の動作がしやすいように、結び目の際から、テの幅を細く折りたたみます。

9 テを1番目に通す

たたんだテを、1番目の三重仮紐に下から通して上に引き抜きます。

テ先

10 テの幅を広げる

上に引き抜いたテの幅を広げます。

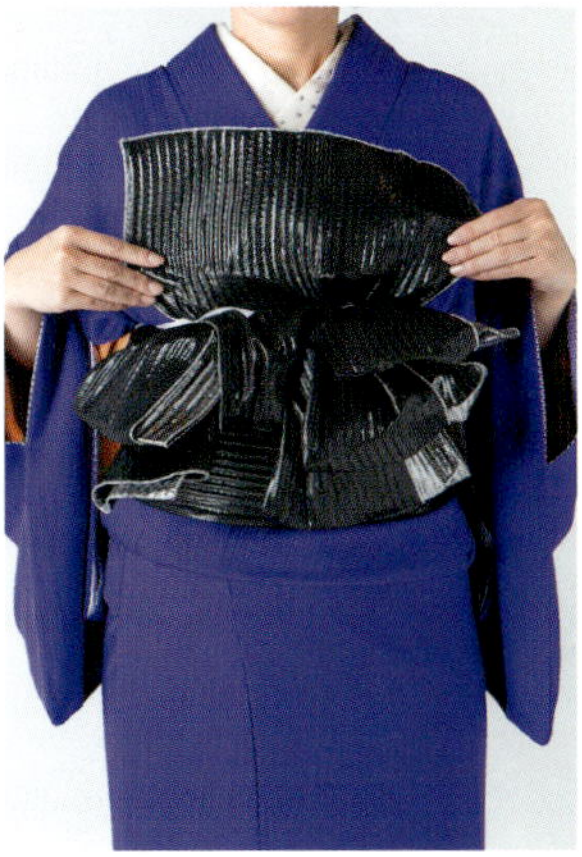

11 帯揚げを当てる

1番目の三重仮紐に沿わせるように、広げたテの下に、帯揚げを当てます。後ろに回し、胴帯の上で仮に結んでおきます。

12 羽根を整える

羽根の重なりをずらして形を整えます。

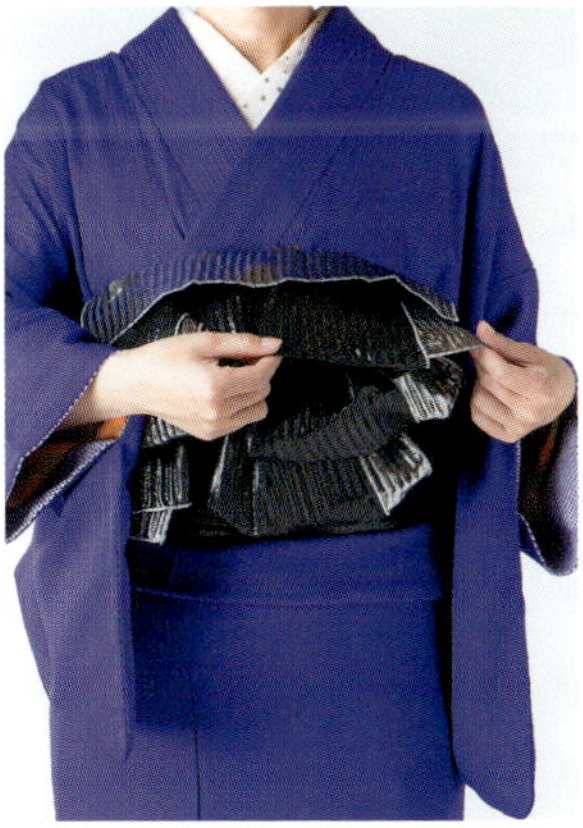

13 形を整えて後ろへ回す

衿の合わせと同じ方向に帯結びを後ろへ回し、三重仮紐と帯揚げを結んで完成です。

アレンジ結び ウイングラップ

フックバタフライのタレの上げ方を変えるだけで、まったく違う形に様変わり。上に出す羽根はすべて上に上げたり片側を下げたり、バランスを見ながら変化を楽しんでみましょう。

1 タレで羽根を作る

フックバタフライのプロセス7まで作ります。

2 テを広げる

結び目の際からテの幅を広げます。

3 帯締めを当てる

体に巻いた胴帯の下線よりも5㎝くらい上の位置で、テの上に帯締めを当てます。後ろへ回して仮に結んでおきます。

4 帯揚げを当てる

半分に折った帯揚げを羽根の下に当てます。後ろに回し、胴帯の上で仮に結んでおきます。

帯の内側を隠すため、帯揚げは広めにたたみます

5 テ先にギャザーを寄せる

テ先をランダムに握り、ギャザーを寄せます。

6 テ先を1番目に通す

ギャザーを寄せたテを、1番目の三重仮紐の上から下に通します。斜め下に引き抜きます。

7 羽根を整える

片側の羽根を広げます。逆側は下に下ろしてアシンメトリーに羽根を整えます。

8 後ろへ回す

衿の合わせと同じ方向に帯結びを後ろへ回し、三重仮紐と帯揚げ、帯締めを結んで完成です。

パーティーシーンにぴったり

ツヤ感・ラメ感のある帯と着物のコーディネートテクニック

華やかな半幅帯や兵児帯は、お洒落な人たちが集うカジュアルパーティーでも大活躍。コーディネートのポイントは**ほかのアイテムとテイストを合わせる**ことと**バランス感覚**の2点。着物や小物も帯のテイストと合わせてスッキリとシャープな雰囲気のものが相性よくまとまります。またやりすぎはNG。全身ギラギラよりも、帯を主役と考えて、着物と小物はやや抑え気味のほうがいいでしょう。ここでは同じ兵児帯を使い、2種類のコーディネートを比較してみましょう。

GOOD

銀糸を織り交ぜた木綿着物にツヤ感のあるヘビ革のバッグで、素材の雰囲気の統一感を出しました。
着物／Kimono Factory nono　兵児帯／Rumi Rock　半衿／トリエ　帯留め／東風杏　バッグ／RICO STYLE　草履／菱屋カレンブロッソ　帯締め／オハラさん私物

キラキラしたものってなぜだかテンションが上がるもの。わたしもふだんから半衿にラインストーンをつけたり、ちょっとしたところにラメ感とツヤ感を出すようにしています。

NG

絣《かすり》模様の素朴な琉球絣とバッグにキラキラな兵児帯では、雰囲気の違う素材同士が喧嘩してしまい、浮いてしまいます。そもそも絣模様は素朴な模様の代表格のようなもの。キラキラした帯には、同じくツヤ感のある着物のほうが合います。着物・バッグ・草履・半衿／オハラさん私物

PART 4

長襦袢・着物の着付け

着物の着付けの9割は長襦袢で決まると言っても過言ではありません。ふだんの装いに例えれば「長襦袢＝ブラジャー」。寄せて上げることで洋服のシルエットが決まるように、長襦袢も「伊達締めよりも上のシワをどれだけ取るか」が重要に。ここを徹底して行うことで、衣《え》紋《もん》の抜きが固定され、安定した衿元も実現できます。また直しながら着付けることで、結果、着崩れてしまうことも。なるべく目線は下げずまっすぐ前を見ながら、ゆっくりていねいに、最小限の動作で着付けるようにしましょう。

準備

着付けに必要なもの

着物の着付けには最低限これだけのものが必要です。素材や形など種類があるので、自分に合ったものを見つけましょう。帯板をつけたら帯結びの着付けを始めます。

a 肌着（肌襦袢、裾よけまたはワンピース型）　b 足袋
c 長襦袢　d 伊達締め２本　e 紐2〜3本　f 衿芯
g 着物　h 帯板

1

長襦袢の着付け

着姿を左右する長襦袢の着付けのポイントは3点。**背中のシワを取る、紐の位置はアンダーバスト、紐は後ろで交差させたときのみ締めること**。また後ろ手で作業をするときはとくに首が下がりがちになり、せっかく抜いた衣紋が詰まってきたり、背中がたるむ原因にも。なるべく正面を向いたまま、ゆっくりていねいに着付けることを心がけましょう。

1 長襦袢を羽織る

肌着を着て足袋を履き、半衿をつけた長襦袢に必要であれば衿芯を入れて長襦袢を羽織ります。

2 衣紋を抜く

左右の掛け衿を合わせて体の中心で片手で持ち、もう片方の手で背中心を下に引いて衣紋を抜きます。

掛け衿

3 下前を深く合わせる

抜いた衣紋が詰まらないように気をつけながら、下前（右側）をバストを深くおおうように合わせます。

下前でバストを隠す要領で

4 上前も合わせる

上前も同様に、バストをしっかりと隠す要領で、深く合わせます。

5 紐をアンダーバストに当てる

上前を押さえるようにしながら、右脇のアンダーバストに紐を当てます。

6 紐をスライドさせる

体の前をすべらせるように、紐を左側までスライドさせます。

紐は体につけたまますべらせて

アンダーバストのライン

7 紐を後ろで締める

紐を後ろへ回したら交差させて、ギュッと締めます。紐を締めるのは後ろだけ。前に回して結びます。

ここがキモ

ギュッ！

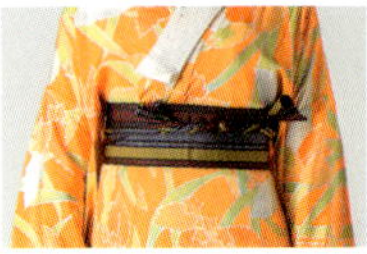

仕上げのひと手間で衿元もしっかり安定

8 伊達締めを胸幅で持つ
伊達締めを胸幅に取り、上側を持ちます。

ここがキモ

9 下にすべらせる
上から下に空気を抜くように、体につけたまま伊達締めを下にすべらせます。

伊達締めは体につけたまますべらせて

10 伊達締めを後ろで締める
伊達締めを後ろへ回したら交差させて、ギュッと締めます。伊達締めも締めるのは後ろだけ。前に回して結び、回した伊達締めに余りは挟み込み、できるだけフラットに仕上げます。

ここがキモ

ギュッ!

11 伊達締めよりも上のシワを取る
左右の身八つ口（みやつくち）に親指を入れて他の4本の指と挟むようにして長襦袢を持ち、前にすべらせるような要領で左右に生地を引き、背中のシワを取ります。

脇の開いているところが身八つ口。ここに親指を入れます

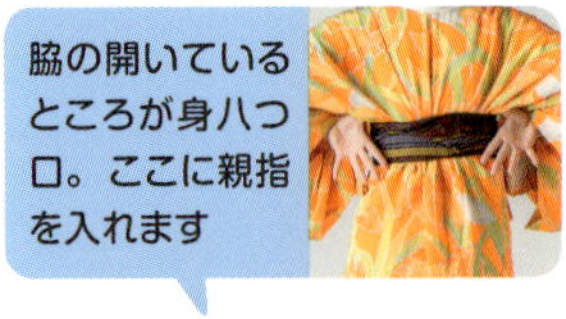

12 伊達締めよりも下のシワを取る
伊達締めの下に親指を入れて、横にスライドさせて伊達締めの下のシワを取ります。

13 衣紋をワン・ツー・スリーで抜く

衣紋を抜くのに引っ張る位置は計3箇所。最初に肩甲骨の真下で伊達締めの下の長襦袢を持ちます。強めに下に引き、衣紋を抜きます。次に外側に3㎝ずつずらして衣紋を抜き、最後にさらに3㎝ずらして脇近くで抜きます。

14 上半身のシワを取る

みぞおちあたりで伊達締めの中に親指を入れて、左右にスライドさせて上半身のシワを脇に寄せます。

15 伊達締めの下もシワを取る

伊達締めの下に指を入れて左右にスライドさせて、伊達締めの下のシワを取ります。

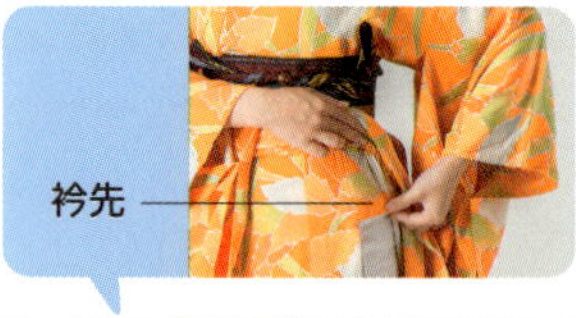

17 上半身をさらに体に沿わせる

とくに体の細いかたは、まだ上半身が安定しないことも。その場合は下前の衿を右手で押さえながら、左手で衿先を斜めに引きます。

18 肩のシワを取る

衿を押さえたまま左手をずらし、おへそあたりで下前を軽く下に引いて肩のシワを取ります。

19 さらにずらしてシワを取る

左手をさらに右にずらして軽く下に引き、上半身のシワを取って長襦袢を体にぴったりと沿わせます。

20 上前も同様にシワを取る

上前も同様に、衿を左手で押さえたまま右手で上前の衿先を持ち、斜めに引きます。

21 肩のシワを取る

衿を押さえたまま右手をずらして軽く下に引き、肩のシワを取ります。

22 さらにずらしてシワを取る

さらに右手をずらして軽く下に引き、長襦袢の上前を体にぴったりと沿わせて密着させます。これで長襦袢と体のすき間がなくなり、衿元がより安定します。

2 着物の着付け

着物は長襦袢の着付けが崩れないよう最小限の動きで着付けることが重要です。首は下げずに目線をまっすぐに、長襦袢の上に沿わせるような感覚で着付けましょう。

1 着物の衿を折り、片手で持つ

衿のスナップを留め（ない場合は衿を半分に折り）、衿の真ん中を中心にして着物を持ちます。

2 後ろで広げる

着物を後ろへ回して両手で持ち、肩幅に広げます。

3 着物を広げる

さらに両手を斜め45度くらいに開いて着物を広げます。

4 肩にかける

片側ずつ着物を肩にかけます。なるべく体はまっすぐのまま、背負うようにして肩にかけます。

5 長襦袢と着物の袖を合わせる

両肩にかけたら着物と長襦袢の袖を一緒に持って軽く振り、袖と袖を合わせます。

6 衿先と背中心を持つ

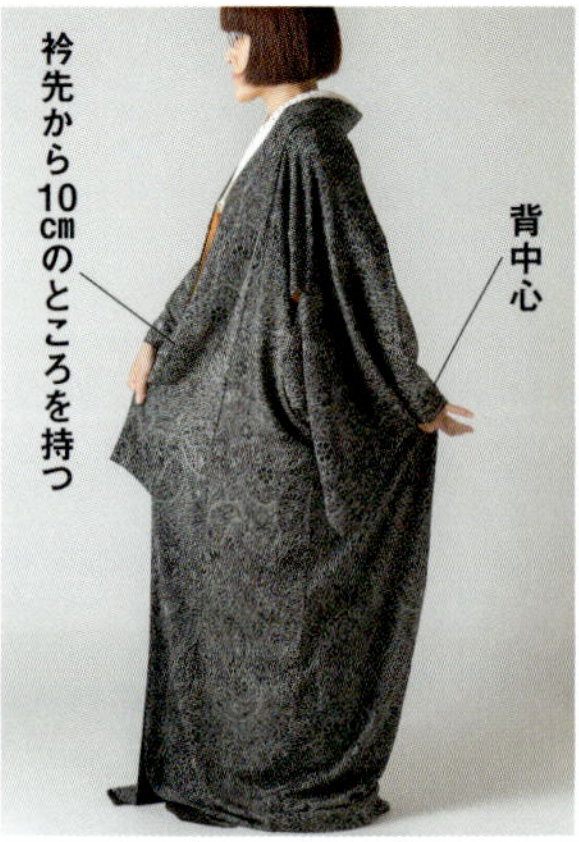

左右の衿先を合わせ、衿先から約10㎝のところを片手（左右どちらでも）で持ちます。もう片方の手で、おしりのあたりの背中心を持ちます。

7 裾線を決める

左手と右手を均等に上げて、床ギリギリを目安に裾の長さを決めます。

8 前方に引く

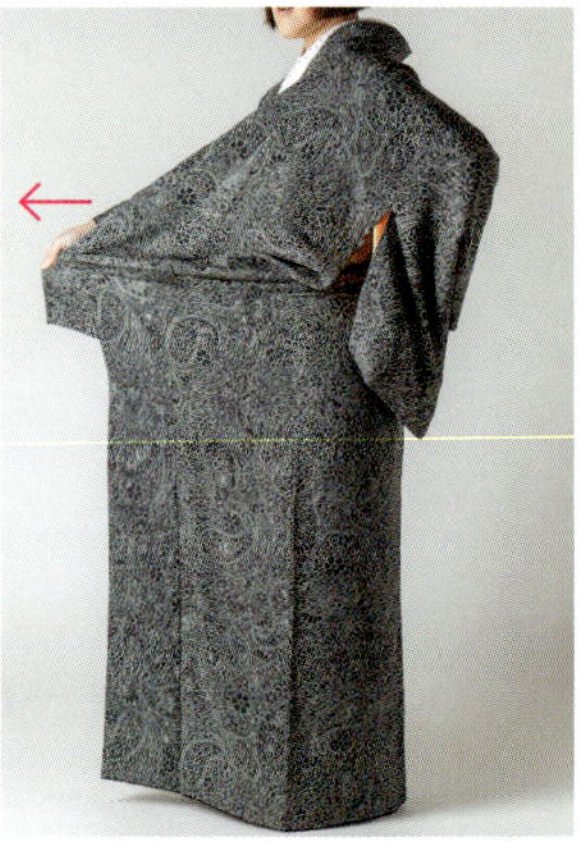

衿を持った手を前方に引き、腰に着物をしっかりとつけます。

9 両手で持ち直して手首を返す

手前に引いたまま、親指を内側、ほかの4本を外側に衿先を両手で持ち直します。手首を外側に返します。

10 上前の脇線を合わせる

裾線がずれないよう気をつけながら、脇は体につけたまま両手を広げ、上前側（左）の脇線を体の脇に合わせます。

11 上前幅を決める

そのまま上前を体に合わせて、一度上前幅を決めます。

12 下前を合わせる

11で決めた上前幅がずれないよう気をつけて上前をそっと開きながら、下前を体に合わせます。

13 褄を上げる

下前を脇まで合わせたら、ひじから先だけを上げて褄《つま》を上げます。褄を上げることで、裾つぼまりのシルエットになります。

ここがキモ
バストのあたりまで思いきり上げて

14 上前を合わせる

上前を下前に重ね合わせます。

15 手を持ち変える

下前を持っていた右手をはずして、上前を持っていた左手と持ち変えます。

16 腰回りの着物を上げる

左手を身八つ口から入れて、腰回りにだぶついている着物を上に上げ、腰紐を締めるところをすっきりさせます。

17 腰紐を当てる

腰骨よりも上に腰紐を当てます。腰紐を締める位置は、腰骨からウエストまでの間でいちばん苦しくないラインに決めます。体から紐を離さないように横にスライドさせます。

ここがキモ

18 後ろで交差させて締める

紐を後ろへ回したら手を持ち替えて交差させて、ギュッと締めます。腰紐を締めるのは後ろ側だけ、前で締めると苦しくなります。

19 前で結ぶ

腰紐を前に回したら蝶々結びまたは片蝶結びにします。余った紐の先は胴に巻いた腰紐にからげてしまいます。

ここがキモ

20 腰紐の上下のシワを取る

腰紐の中に親指を入れて左右にスライドさせ、腰紐の上下のシワを脇に寄せてすっきりさせます。

21 後ろのおはしょりを整える①

左右の身八つ口から両手を入れて後ろへ回し、手のひらを上に向けて指先をおはしょりの底に当てます。

22 後ろのおはしょりを整える②

指先を左右にスライドさせて、おはしょりを整えます。

23 左右の衿を持つ

左手は身八つ口から手を入れて下前の衿を持ちます。右手は上前の衿を持ちます。このあと3箇所で上前と下前の衿を合わせます。

24 掛け衿を引き合わせる

上前と下前の掛け衿（縫い目があるところ）を持ち、深く引き合わせます。

ワン!

25 バストの下で引き合わせる

下前と上前を持つ手をバストの下まで移動させ、同じように深く引き合わせます。

ツー!

26 ウエストで引き合わせる

さらにウエストの位置まで持ち手を移動させ、深く引き合わせます。

スリー!

27 前のおはしょりを整える①

左手を身八つ口に入れて、手の甲を外側に向けて、指先をおはしょりの底につけます。

手の形はこう

28 前のおはしょりを整える②

指先を横にスライドさせて、おはしょりを整えます。

手の形はこう

29 下前の衿幅を折る

左手は身八つ口に入れたまま、下前側の衿をバストトップの真下で約2㎝内側に折ります。（※プロセス31まで撮影用に上前を広げています。実際は上前の内側での作業工程になります）

30 上まで衿幅を折る

左手で衿を押さえたまま、右手を上にスライドさせて、約2cm内側に衿幅を折ります。

31 右手でシワを取る

右手を下ろし、バストの下に当てます。横にスライドさせて、下前側の上半身のシワを取り、体（長襦袢）との間にすき間ができないよう、ぴったりと密着させます。

32 上前の衿幅を折る

上前もバストトップの真下で約2cm、衿幅を内側に折ります。

33 上まで衿幅を折る

右手で衿を押さえたまま、左手を上にスライドさせて、約2cm内側に衿幅を折ります。

34 アンダーバストに紐を当てる

紐の真ん中をアンダーバストラインで右脇に当てます。

35 横にスライドさせる

紐を体から離さないように、真横にスライドさせます。

36 後ろへ回して交差させる

紐を後ろへ回し、持ち手を変えて交差させます。ここではきつく締めません。

仕上げのひと手間で衿元もしっかり安定

37 前で結ぶ
紐を前に回したら蝶々結びまたは片蝶結びにし、余った紐の先は体に巻いた紐の間にからげます。

38 伊達締めを胸幅に広げる
伊達締めを胸幅に広げて上側を持ちます。

39 下にすべらせる
上から下に空気を抜くように、伊達締めを体につけたまま下にすべらせます。

> 体につけたままずべらせて

40 伊達締めを結ぶ
伊達締めを後ろで交差させて前に回して結び、余った伊達締めの先は体に巻いた伊達締めにしまいます。

> 着物の伊達締めもゆるめでOK

41 伊達締めよりも上のシワを取る
左右の身八つ口に親指を入れて他の4本の指と挟むようにして着物を持ち、前にすべらせるような要領で左右に生地を引き、背中のシワを取ります。

> 脇の開いているところが身八つ口。ここに親指を入れます

42 伊達締めよりも下のシワを取る
伊達締めの下に親指を入れて、横にスライドさせて伊達締めの下のシワを取ります。

43 衣紋を抜く

肩甲骨の真下、左右3㎝横にずらしたところ、さらに3㎝ずらしたところの計3箇所でおはしょりを下に引き、衣紋を抜いて長襦袢の衿に沿わせます。

44 上半身のシワを取る

みぞおちあたりで伊達締めの中に親指を入れて、左右にスライドさせて上半身のシワを脇に寄せます。

45 伊達締めの下のシワを取る

おへそあたりで伊達締めの中に親指以外を入れて、左右にスライドさせて伊達締めの下のシワを脇に寄せます。

46 前のおはしょりを引く

前のおはしょりの脇近くを下に軽く引き、上半身をさらに体（長襦袢）に密着させます。

47 長襦袢の衣紋を抜き直す

着物の裾を上げて、長襦袢のおしりあたりを両手で下に引き、衣紋を抜き直せば着付けの完成です。

◎帯板をつけて帯結びを始めます

長襦袢と着物の着付けができたら（ゴムベルト付きの場合）、帯板をつけてからお好きな帯で帯結びを始めます。

帯揚げの結び方

一般的な結び方を紹介します。
結び目が帯上からあまり出すぎないほうが
すっきりとした着姿になります。

1 ひと結びして垂直にする

左側を上に重ねて右側の下からくぐらせてひと結びし、左側を上に、右側を下に回転させて垂直にします。

2 上側で輪を作る

上側を下側の下に重ねて輪を作ります。上側の端を輪の中に通して結びます。

3 結び目を帯の中に入れる

2で結んだ結び目を、帯の中に入れてしまいます。

4 帯揚げの端から丸める

端から小さく折りたたみます。

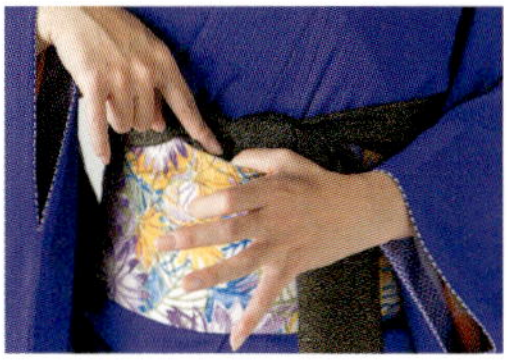

5 丸めた帯揚げを帯の中に入れる

結び目近くまで丸めたら、帯の中に入れてしまいます。

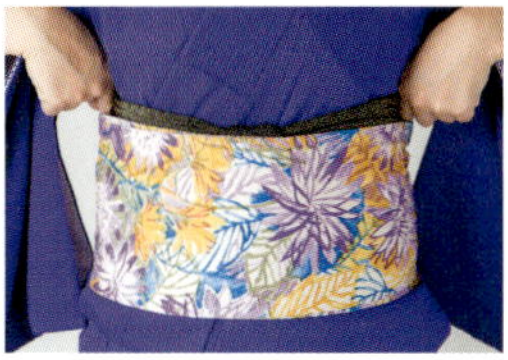

6 左右にしごく

指で帯と帯揚げの間を左右にしごき、きれいに整えます。

帯締めの結び方

一般的な結び方を紹介します。
結び目がゆるまないよう、
指で押さえながら結びます。

1 ひと結びする

衿の合わせと同じで左側を上に重ねて右側の下からくぐらせてひと結びします。

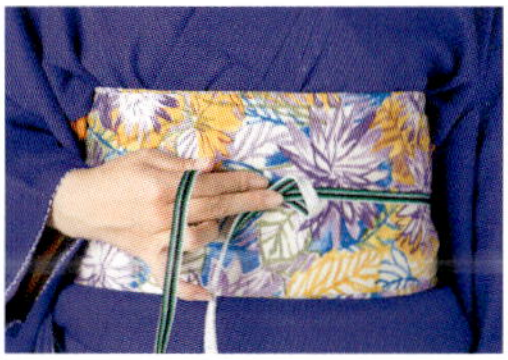

2 左側で輪を作る

左側の帯締めを右に倒して輪を作ります。

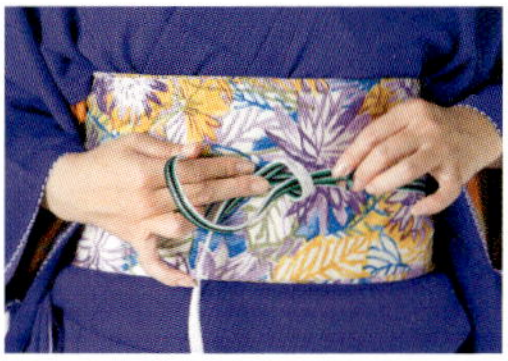

3 輪に右側を通す

右手で結び目を押さえたまま、2で作った輪の中に右側の帯締めを通します。

4 締める

右側をすべて輪に通したら左右を引き締めます。

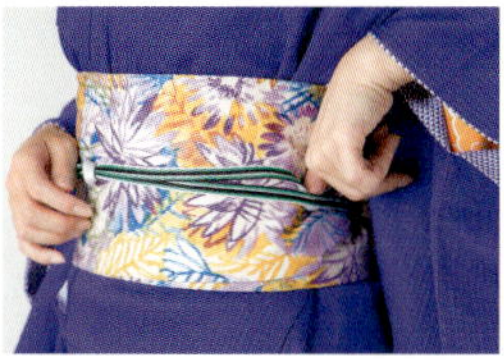

5 上から下に掛ける

帯締めの端は、帯に巻いた帯締めの上から下に掛けます。下から上は不祝儀になるので気をつけましょう。

6 逆側も掛ける

逆側の帯締めの端も同様に掛けます。

オハラリエコ

着物コーディネーター・スタイリスト。RICO STYLE 主宰。カジュアル着物の先駆けとなったWAKON店長を経た後、衣裳らくやにて店舗運営、着付け教室運営に携わる。その後小町カレン店舗統括マネージャーとしてバイヤー・店舗運営/管理・商品企画/開発・人材育成・着付け教室運営・広報などを手掛ける。2013年フリーとしてRICO STYLE の活動を開始。2014年には「働く女性のアガる着物」をコンセプトにオリジナル商品を発表。ハイクオリティと発色の良さが特徴のドレスイロムジをはじめとするオリジナル着物や博多織の技術を駆使した現代感覚の帯などを展開。またTV・雑誌などの着付け・スタイリングなど多方面にわたり活躍中。神戸のアトリエで開催される着付け教室は、オリジナリティあふれる教え方に定評がある。◎RICO STYLE オハラリエコ着付け教室 http://www.ohara-kimono.jp

カバー・本文デザイン	丸山裕美
イラスト	コマツミキ
撮影	岡田ナツ子(Studio Mug)
着付け・スタイリング	オハラリエコ(RICO STYLE)
ヘア&メイク	嵯峨直美
モデル	長谷川顕花　神田菜々美
撮影協力	榎本あづさ
校正	株式会社円水社
編集	富士本多美
	富岡啓子
	(株式会社世界文化クリエイティブ)

※内容に関するお問い合わせは、
株式会社世界文化クリエイティブ
☎03(3262)6810までお願いします。

ふだん着物のらくらく結び
半幅帯と兵児帯

発行日　2016年3月10日　初版第1刷発行
　　　　2017年10月15日　第4刷発行
監修　オハラリエコ
発行者　井澤豊一郎
発行　株式会社世界文化社
　　　〒102-8187
　　　東京都千代田区九段北4-2-29
　　　電話　03(3262)5115(販売部)
印刷・製本　凸版印刷株式会社
DTP製作　株式会社明昌堂

©Sekaibunka-sha,2016. Printed in Japan
ISBN 978-4-418-16403-5
無断転載・複写を禁じます。定価はカバーに表示してあります。
落丁・乱丁のある場合はお取り替えいたします。

撮影協力

嵐山よしむら
京都市下京区烏丸五条東入ル北側よしむらビル 4F
☎ 075(353)0023

衣裳らくや
東京都中央区日本橋浜町 2-5-1 東洋浜町ビル
☎ 03(5623)9030
http://www.rakuya.co.jp/

神田胡蝶
東京都千代田区外神田 2-17-5
☎ 03(3253)1511
http://www.zouri.co.jp/

Kimono Factory nono
京都市下京区綾小路室町西入ル善長寺町 143
☎ 075(361)7391
http://www.kimono-factory.com/

kosode
東京都渋谷区神宮前 1-2-7 林ビル 1F
☎ 03(3478)1681
http://www.kosode-kimono.com

T.O.D
東京都豊島区目白 2-8-2
☎ 03(3983)2080
http://todjewelry.jimdo.com/

東風杏
http://www.m-mishina.com/tonpuan/

トリエ
大阪市中央区島町 1-1-2
☎ 06(6585)0335
http://officetorie.com

菱屋カレンブロッソ　東京ミッドタウン店
東京都港区赤坂 9-7-4 D 0314
東京ミッドタウン 3F ☎ 03(5413)0638
http://www.calenblosso.jp/

By the way
兵庫県神戸市中央区元町通 6-6-1
☎ 078(361)3334

藤岡組紐店
三重県伊賀市上野農人町 422
☎ 0595-22-8551
http://www.ict.ne.jp/~obishime/

Rumi Rock
東京都台東区千束 3-23-11
☎ 03(3876)7651
http://www.rumirock.com/

松原智仁
http://matsubara-jewelry.com/

RICO STYLE
兵庫県神戸市中央区元町通 6-6-5
セリオ元町通り 201
☎ 078(371)9620
http://ohara-kimono.jp

笑うキモノ生活 [玉のり]
東京都千代田区麹町 1-5-4-411
☎ 03(3264)5507
https://www.tamanori.com/